ESPACIO JOVEN 360

Libro del alumno

Equipo ESPACIO

Nivel

A1

Edi numen

© Editorial Edinumen, 2017

© Equipo ESPACIO:
María Carmen Cabeza Sánchez, Francisca Fernández Vargas,
Luisa Galán Martínez, Amelia Guerrero Aragón, Emilio José
Marín Mora, Liliana Pereyra Brizuela y Francisco Fidel Riva
Fernández
Coordinación: David Isa de los Santos y Nazaret Puente
Girón

Depósito legal: M-20657-2018
ISBN - Libro del alumno: 978-84-9848-936-1

Impreso en España
Printed in Spain

Coordinación editorial:
David Isa

Diseño, maquetación e ilustraciones:
Carlos Casado y Juanjo López

Actividades interactivas:
Antonio Arias y Eva Gallego

Impresión:
Gráficas Glodami. Madrid

Editorial Edinumen
José Celestino Mutis, 4. 28028 Madrid. España
Teléfono: (34) 91 308 51 42
Fax: (34) 91 319 93 09
e-mail: edinumen@edinumen.es
www.edinumen.es

Fotografías:

Archivo Edinumen, *www.shutterstock.com*
p. 13 (*Habana*, Marcin Jucha), p. 19 (*Shakira*, Joe Seer),
p. 19 (*Penélopez Cruz*, Featureflash Photo Agency), p. 19
(*Leo Messi*, CosminIftode), p. 27 (*Jennifer Lopez*, Kathy
Hutchins), p. 27 (*Shakira*, Featureflash Photo Agency),
p. 27 (*Viggo Mortensen*, Denis Makarenko), p. 27 (*Will
Smith*, Featureflash Photo Agency), p. 32 (*Parque Güell*,
Irina Papoyan), p. 33 (*Torre Agbar*, Marisa Estivill), p. 33
(*Las Ramblas*, Filipe Frazao), p. 41 (*Shakira*, DFree), p. 42
(*Barcelona*, Andrij Vatsyk), p. 42 (*Madrid*, Iakov Filimonov),
p. 60 (*Madrid*, Semmick Photo), p. 61 (*Chapultepec*,
Morenovel), p. 61 (*Dia de Muertos*, Kobby Dagan), p. 88
(*Fútbol*, Laszlo Szirtesi), p. 88 (*Kárate*, StockphotoVideo),
p. 92 (*Amatrice*, Antonio Nardelli), p. 94 (*Tapas*, Matyas
Rehak), p. 103 (*Carrusel*, gowithstock), p. 103 (*Cines*,
Radu Bercan), p. 103 (*Restaurante japonés*, Sorbis), p. 104
(*Autobuses*, Tupungato), p. 104 (*Taxis*, Tupungato), p. 104
(*Metro Madrid*, Filimonov), p. 109 (*Centro comercial*, Radu
Bercan), p. 110 (*Aeropuerto*, Alexandre Rotenberg), p. 110
(*Estación de Atocha*, Takashi Images), p. 111 (*Mexico*,
ChameleonsEye), p. 111 (*Taxi rosa*, Kamira), p. 115
(*Supermercado*, Niloo).

PRESENTACIÓN

Espacio Joven 360º es un curso comunicativo de lengua y cultura españolas que integra contenidos multimedia para facilitar una nueva experiencia de aprendizaje a jóvenes adolescentes, adaptándose a la forma en la que ellos interactúan en su día a día.

Dividido en cinco niveles y siguiendo las directrices del *Marco común europeo de referencia* (MCER) y del *Plan curricular del Instituto Cervantes*, **Espacio Joven 360º** conduce a la adquisición de una competencia comunicativa del nivel B1.2 y prepara para los nuevos exámenes DELE.

 ## COMPONENTES DISPONIBLES

Para el estudiante

ELEteca
Acceso alumno

Libro del alumno

Cuaderno de ejercicios

eBook libro del alumno

Cuaderno de ejercicios *online*

Para el profesor

ELEteca
Acceso alumno y profesor

Libro del profesor

eBook libro del profesor

PACK **Guía Maestra Digital**

eBook alumno **eBook profesor** **eBook ejercicios**

Todo el material digital puede ser utilizado en ordenadores (PC, Mac), iPads y *tablets* de Android, con o sin conexión a internet.

MATERIALES MULTIMEDIA

Espacio Joven 360º cuenta con una gran cantidad de recursos multimedia que han sido diseñados para enriquecer el proceso de enseñanza y aprendizaje, y que se ofrecen integrados en la secuencia didáctica del libro del estudiante.

ELEteca

A lo largo de las unidades se hace referencia a una serie de **instrumentos digitales** a disposición del estudiante que permiten la **profundización** y la **revisión** de los contenidos, **dinamizando** el curso.

Actividades interactivas

+ Prácticas

Cada uno de los contenidos que aparecen en la unidad se complementan con nuevas actividades *online* para practicar y repasar de una manera divertida.

Serie

Sesión de cine

Serie sobre un grupo de jóvenes hispanos que protagonizan situaciones de la vida cotidiana.

360

VIDEO ▶ GRAMAS

Vídeos didácticos

Vídeo situacional y explicación gráfica de los aspectos gramaticales de la unidad.

Actividades colaborativas

Actividades variadas concebidas para ser desarrolladas como tareas de trabajo cooperativo a través de wikis y foros.

SPANISH BLOGGER

Spanish Blogger es un juego de carácter narrativo que permite a los estudiantes seguir aprendiendo español en un contexto lúdico, al finalizar la unidad. Vivirán la experiencia de trabajar en un periódico y de crear su propio blog sobre la cultura hispana.

Gamificación

ORGANIZACIÓN

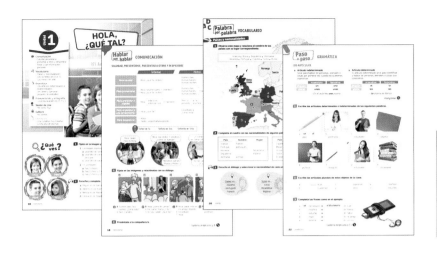

Cada libro de **Espacio Joven 360°** está organizado en torno a seis unidades.

En el primer volumen, la **unidad 0** introduce al estudiante en el mundo de la lengua y de la cultura española, y ofrece también los instrumentos indispensables para la interacción en clase.

¿Qué ves?

Comenzamos con un diálogo

Como indica el título, esta sección se centra en una **conversación** que introduce el **tema de la unidad**, el **vocabulario previo** y las **estructuras gramaticales**. Con ello los estudiantes comienzan a interpretar el significado y a usar la lengua en un contexto auténtico, sin necesidad de entender todas las palabras.

Referencia a las actividades interactivas.

Hablar por hablar

Presentación de los **objetivos comunicativos** a través de sencillos cuadros funcionales, seguidos de actividades de producción y comprensión oral.

Las estructuras y las funciones se presentan como elementos de la conversación.

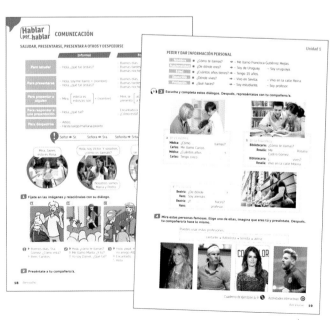

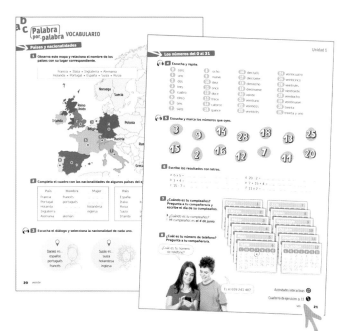

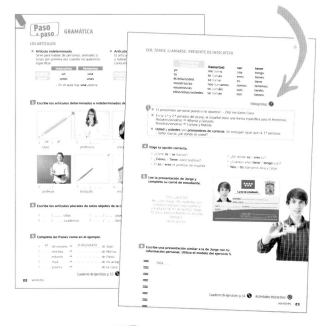

Referencias a *Videogramas.*

Palabra por palabra

Resumen y análisis de los **elementos léxicos** introducidos en el diálogo a través de la presentación de **cuadros léxicos** y de actividades lúdicas y motivadoras. Trabajar las actividades con su compañero/a o en pequeños grupos anima a los estudiantes a aprender colaborativamente.

Referencias al *Cuaderno de ejercicios.*

Paso a paso

Sistematización de los **aspectos gramaticales** gracias a cuadros con explicaciones claras y completas, y a una serie de actividades de reflexión.

El apéndice gramatical al final del libro del alumno ofrece numerosas **profundizaciones** de estos aspectos gramaticales.

Suena bien

Sección dedicada a los **aspectos ortográficos y fonéticos** de la lengua española.

Sesión de cine

Esta sesión presenta **vídeos** sobre la vida de un grupo de adolescentes, relacionados con el tema de la unidad. Van acompañadas de actividades para predecir e interpretar la historia.

La unidad concluye con tres secciones que agrupan todos los elementos lingüísticos presentados en las páginas anteriores, permitiendo al estudiante la **utilización global y personal de las competencias adquiridas**.

Mundo hispano
Desarrollo y profundización de uno o más **aspectos culturales** presentados en la unidad.

Esta sección cultural va más allá de una simple instantánea cultural e invita a los estudiantes a profundizar más en las perspectivas hispanas con información y actividades diseñadas para alentarles a ampliar el contenido cultural del texto.

Érase una vez...
Introducción a relatos o fragmentos literarios para acercar a los estudiantes el placer de la literatura. Todas las piezas literarias son grabadas e interpretadas.

Me preparo para el DELE   ¡Me lo sé!

Para la **evaluación del aprendizaje**, se han incluido:

- **actividades de preparación al DELE**, concebidas según el modelo de las pruebas de examen de cada nivel;
- **actividades de evaluación** con puntuación, que se realiza de forma autónoma.

En la sección *Ahora soy capaz de...* se requiere que el estudiante demuestre, con sus propios ejemplos o explicaciones, qué ha aprendido en la unidad.

Referencias al juego *Spanish Blogger*.

Comunicación	Vocabulario	Gramática

Pronunciación y Ort.	Sesión de cine	Cultura	Literatura	 DELE
• El alfabeto • Los signos de interrogación y exclamación		• El mundo hispano		
• La pronunciación de *ch*, *ñ* y *s*	• *Me llamo Rigo*	• Así somos	• *Una condesa muy traviesa* • *La escuela de idiomas*	• Prueba de comprensión de lectura **EVALUACIÓN**
• Las letras *h*, *ll*, *y*	• *Adivina quién es*	• Vivir en España	• *Jon y la máquina del miedo*, de Roberto Santiago	• Prueba de gramática • Prueba de expresión e interacción orales **EVALUACIÓN**
• Los sonidos /k/ y /θ/	• *Mi familia*	• Fiestas en España • Fiestas en Hispanoamérica	• *La cena de Nochebuena*	• Prueba de comprensión de lectura • Prueba de expresión e interacción escritas **EVALUACIÓN**
• La pronunciación de *b* y *v*	• *Mi día a día*	• El sistema educativo español	• *Un día cualquiera*, de Darío Gómez • *El día a día de los españoles*	• Prueba de compresión auditiva • Prueba de expresión e interacción escritas **EVALUACIÓN**
• Los sonidos /r/ y /rr/	• *Me gusta David*	• La comida en España e Hispanoamérica	• *Historias del Kronen*, de José Ángel Mañas	• Prueba de comprensión de lectura **EVALUACIÓN**
• Los sonidos /x/ y /g/	• *¿Cómo vamos?*	• El transporte en España y en Hispanoamérica	• *El cuaderno de Maya*, de Isabel Allende • *Las vacaciones de Lucía*	• Prueba de comprensión de lectura **EVALUACIÓN**

ASÍ SOMOS

Comunicación
- Deletrear
- Preguntar el significado de una palabra
- Preguntar cómo se dice algo en otra lengua
- Pedir aclaraciones y repeticiones

Vocabulario
- Objetos de la clase

Gramática
- Verbos en imperativo para dar instrucciones

Pronunciación y ortografía
- El alfabeto
- Los signos de interrogación y exclamación

Cultura
- El mundo hispano

 ¿Qué ves?

1 Esta fotografía corresponde a una ciudad española. Lee las pistas y marca la opción correcta.

Es...

a Barcelona.
b Sevilla.
c Madrid.

- Es la capital de España.
- Su equipo de fútbol juega en el estadio Santiago Bernabéu.
- Muchos turistas visitan el Museo del Prado.

2 Relaciona.

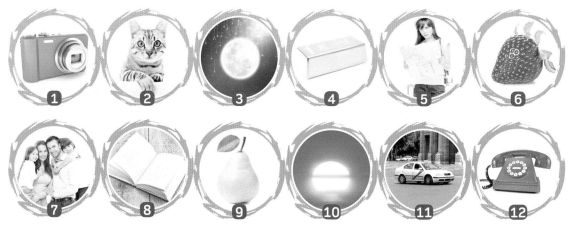

a (el) libro
b (el) gato
c (la) fresa
d (el) sol
e (la) familia
f (el) oro
g (el/la) turista
h (la) luna
i (la) cámara
j (la) pera
k (el) taxi
l (el) teléfono

3 Ahora, escucha y repite las palabras del ejercicio 2.

4 Las siguientes palabras tienen relación con países del mundo hispano. Clasifícalas como en el ejemplo.

> Buenos Aires   Ciudad de México
> flamenco   salsa
> La Habana ✓   gazpacho
> paella ✓   La Pampa
> tango ✓   guacamole
> tacos   tortilla
> Madrid   Managua

Bailar *tango*

Visitar *La Habana*

Comer *paella*

5 Relaciona las palabras anteriores con su país.

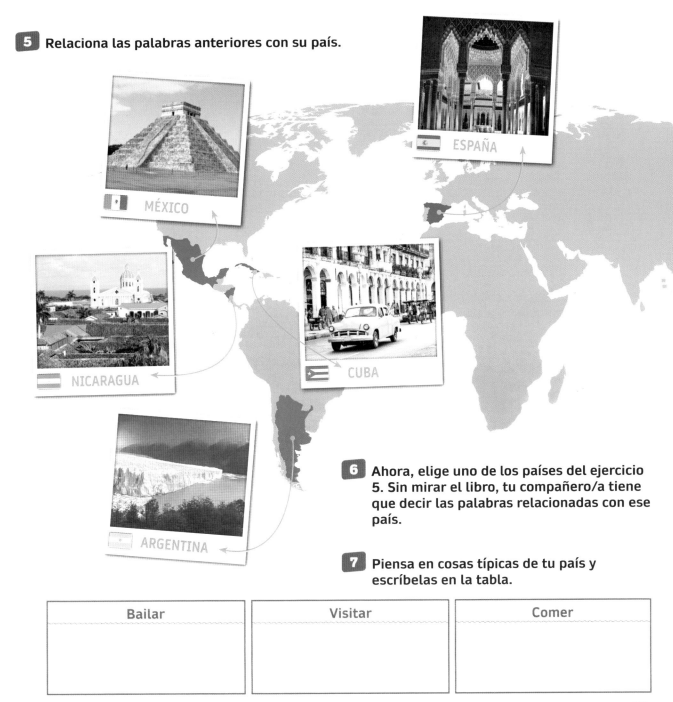

ESPAÑA

MÉXICO

NICARAGUA

CUBA

ARGENTINA

6 Ahora, elige uno de los países del ejercicio 5. Sin mirar el libro, tu compañero/a tiene que decir las palabras relacionadas con ese país.

7 Piensa en cosas típicas de tu país y escríbelas en la tabla.

Bailar	Visitar	Comer

2 **1** Escucha y repite.

a	b	c	d	e	f	g
a	be	ce	de	e	efe	ge

h	i	j	k	l	m	n
hache	i	jota	ka	ele	eme	ene

ñ	o	p	q	r	s	t	u
eñe	o	pe	cu	erre	ese	te	u

v	w	x	y	z
uve	uve doble	equis	i griega	zeta

> ! Otros sonidos en español: **ch** y **ll**.

3 **2** Escucha las siguientes letras en español y marca la opción correcta.

1 ◯ B
　◯ V

2 ◯ G
　◯ Ñ

3 ◯ Y
　◯ LL

4 ◯ S
　◯ R

5 ◯ J
　◯ G

6 ◯ H
　◯ CH

7 ◯ Z
　◯ C

8 ◯ P
　◯ B

4 **3** Escucha y señala la letra que no se dice.

1 f h g j

2 m ñ p n

3 k ch g c

4 b v e d

5 ll i y l

México Cuba República Dominicana

Honduras Puerto Rico

Guatemala
El Salvador Nicaragua

Costa Rica Venezuela

Panamá

Colombia

Ecuador

Brasil

Perú

Bolivia

Paraguay

Chile

Uruguay

Argentina

Santiago de Chile

Cuba

México

Argentina

4 Estos son los nombres de otros países hispanos. Escribe el nombre de las letras, como en el ejemplo.

Ejemplo:

V e n e z u e l a

uve e ene e zeta u e ele a

a P a r a g u a y

b A r g e n t i n a

c H o n d u r a s

d C h i l e

5 Escribe las letras para formar nombres de países donde hablan español y subraya el acento tónico.

a Pe - a - ene - a - eme - a

b E - ese - pe - a - eñe - a

c Eme - e - equis - i - ce - o

d Be - o - ele - i - uve - i - a

e Hache - o - ene - de - u - erre - a - ese

f E - ce - u - a - de - o - erre

Cuaderno de ejercicios p. 5

1 El profesor de español usa estas palabras para dar instrucciones en clase. Fíjate en los dibujos y lee las palabras.

Escucha

Lee

Escribe

Subraya

Completa

Relaciona

Habla

Pregunta

Fíjate

2 Relaciona estos símbolos con algunas de las palabras anteriores.

a .... b .... c .... d .... e .... f .... g ....

3 Mira el dibujo y fíjate en cómo se llaman los objetos de la clase.

1 la profesora
2 el alumno/ la alumna
3 la papelera
4 la mesa
5 la silla
6 el lápiz
7 el rotulador
8 el borrador
9 el tablón de anuncios
10 la pizarra
11 el cuaderno
12 el diccionario
13 la goma de borrar
14 el estuche
15 el bolígrafo
16 la mochila
17 la carpeta
18 la puerta

5 **4** Escucha y lee.

▶ **¿Cómo se dice *lavagna* en español?**
▶ Pizarra.

▶ Estos son mis amigos, Luis y Pablo.
  No entiendo. **¿Puede repetir, por favor?**
▶ Estos son mis amigos, Luis y Pablo.

▶ **¿Qué significa "pizarra"?**
  Lavagna.

▶ **¿Cómo se escribe "cuaderno" en español?**
▶ Ce-u-a-de-e-erre-ene-o.

▶ **¿Puede escribirlo en la pizarra?**
▶ Sí, claro.

▶ **¿Está bien así?**
▶ Sí, está bien.

5 Completa los siguientes diálogos.

a ▶ ¿Qué _____ "carpeta"?
  ▶ "Carpeta" es *folder* en inglés.
  ▶ ¿Cómo se _____?
  ▶ Ce-a-erre-pe-e-te-a.
  ▶ ¿_____ bien así?
  ▶ Sí, está bien.

b ▶ ¿Cómo _____ "papelera" en español?
  ▶ Pe-a-pe-e-ele-e-erre-a.
  ▶ ¿Puede _____, por favor?
  ▶ Pe-a-pe-e-ele-e-erre-a.

c ▶ ¿Cómo _____ *rucksack* en español?
  ▶ Mochila.
  ▶ ¿_____ en la pizarra?
  ▶ Sí, claro.

d ▶ ¿Qué _____ "libro"?
  ▶ Libro es *livre* en francés.
  ▶ ¿Cómo se _____?
  ▶ Ele-i-be-erre-o.

6 Mira el dibujo de la actividad 3 y, con tu compañero/a, practica diálogos similares a los anteriores.

! En español los signos de interrogación y de exclamación se escriben al principio y al final de la frase:
▶ *¿Está bien así?*
▶ *¡Perfecto!*

Cuaderno de ejercicios p. 6 y 7

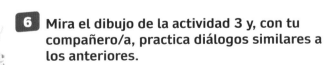

HOLA, ¿QUÉ TAL?

IES Antonio Machado

¿Qué ves?

Cecilia

Alberto

Miguel

Nélida

1 **Fíjate en la imagen y elige la opción correcta.**

1 La imagen representa...
  a una foto de familia.
  b una foto de compañeros de clase.
  c una foto de vacaciones.

2 En la imagen...
  a hay 5 chicos.
  b hay 1 chico y 3 chicas.
  c hay 2 chicos y 2 chicas.

3 Los chicos están...
  a en el instituto.
  b en un parque.
  c en la biblioteca.

4 Los chicos llevan...
  a mochilas y estuches.
  b carpetas y mochilas.
  c bolígrafos y libros.

2 **Escucha y completa.** 🎧 6

a Miguel es de Barcelona, él es ....
b Alberto es de Buenos Aires, él es ....
c Nélida es de Madrid, ella es ....
d Cecilia es de Bogotá, ella es ....

Comenzamos con un diálogo

 7 **3** Escucha el diálogo y contesta verdadero (V) o falso (F).

Nélida: Hola, ¿qué tal? Me llamo Nélida. Y tú, ¿cómo te llamas?

Alberto: Hola, yo soy Alberto y él es Miguel.

Miguel: ¿Qué tal? Ella es Cecilia. Es colombiana, de Bogotá, y estudia 2.º de la ESO.

Cecilia: Hola a todos, ¿qué tal? ¿De dónde eres, Alberto? ¿Eres español?

Alberto: No, soy argentino, de Buenos Aires, pero vivo en España.

Nélida: Cecilia, ¿cuántos años tienes?

Cecilia: Tengo 13 años. ¿Y tú?

Nélida: Tengo 12 años.

Miguel: Bueno, chicos, vamos a clase. ¡Hasta luego!

Alberto: Sí, es verdad, ¡hasta luego!

Nélida y Cecilia: ¡Adiós!

a Alberto es español. (V) (F)

b Cecilia tiene 13 años. (V) (F)

c Cecilia es colombiana. (V) (F)

d Miguel es de Bogotá. (V) (F)

e Nélida y Cecilia tienen 12 años. (V) (F)

 8 **4** Escucha otra vez y repite.

5 Ahora que tienes toda la información, completa el cuadro.

Cecilia

Edad
....

Nacionalidad
....

Ciudad
....

Alberto

Edad
13
....

Nacionalidad
....

Ciudad
....

Miguel

Edad
13
....

Nacionalidad
....

Ciudad
....

Nélida

Edad
....

Nacionalidad
....

Ciudad
....

6 Escribe un diálogo siguiendo las instrucciones.

a Saluda y preséntate.

b Responde.

a Pregunta a tu compañero/a cómo se llama, de dónde es y cuántos años tiene.

b Responde.

7 Ahora, representa el diálogo con tu compañero/a.

Actividades interactivas

SALUDAR, PRESENTARSE, PRESENTAR A OTROS Y DESPEDIRSE

	Informal	Formal
Para saludar	– Hola, ¿qué tal (estás)?	– Buenos días. – Buenas tardes. – Buenas noches.
Para presentarse	– Hola, soy/me llamo + (nombre) – Hola, ¿qué tal (estás)?	– Buenos días, – Buenas tardes, ⎤ + soy + (nombre) – Buenas noches, ⎦
Para presentar a alguien	– Mira, [este/a es / estos/as son] + (nombre)	– Mire, le presento [al Sr. / a la Sra.] + (apellido)
Para responder a una presentación	– Hola, ¿qué tal?	– Encantado/a. – ¿Cómo está?
Para despedirse	– Adiós. – Hasta luego/mañana/pronto.	

! Señor ➡ Sr.   Señora ➡ Sra.   Señorita ➡ Srta.

Mira, Javier, esta es Rosa.

Hola, soy Víctor. Y vosotros, ¿cómo os llamáis?

Nosotros somos María y Pedro.

¿Y cómo se llama usted?

Yo me llamo Ángel. ¿Y usted?

1 Fíjate en las imágenes y relaciónalas con su diálogo.

1   2   3   4

a ▶ Buenos días, Sra. Gómez. ¿Cómo está?
▶ Bien, Carlitos.

b ▶ Hola, ¿cómo te llamas?
▶ Me llamo Marta. ¿Y tú?
▷ Yo soy Daniel. ¿Qué tal?

c ▶ Hola, papá, este es mi amigo Alberto.
▶ Encantado.
▷ Hola.

d ▶ ¡Adiós, chicos!
▶ ¡Hasta mañana, profesor!

2 Preséntate a tu compañero/a.

Cuaderno de ejercicios p. 8

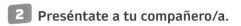

PEDIR Y DAR INFORMACIÓN PERSONAL

Nombre	■ ¿Cómo te llamas?	→ – Me llamo Francisca Gutiérrez Mejías.	
Nacionalidad	■ ¿De dónde eres?	→ – Soy de Uruguay.	– Soy uruguaya.
Edad	■ ¿Cuántos años tienes?	→ – Tengo 15 años.	
Domicilio	■ ¿Dónde vives?	→ – Vivo en Sevilla.	– Vivo en la calle Reina.
Profesión	■ ¿Qué haces?	→ – Soy estudiante.	– Soy profesor.

 3 Escucha y completa estos diálogos. Después, represéntalos con tu compañero/a.

a En el médico

Médica: ¿Cómo .... llamas?
Carlos: Me llamo Carlos.
Médica: ¿Cuántos años ....?
Carlos: Tengo cinco ....

b En la biblioteca

Bibliotecario: ¿Cómo te llamas?
Rosalía: Me .... Rosalía Castro Gómez.
Bibliotecario: ¿................. vives?
Rosalía: Vivo en la calle Molina.

c En la calle

Beatriz: ¿De dónde ....?
Hans: Soy alemán.
Beatriz: ¿Y .... haces?
Hans: .... profesor.

4 Mira estas personas famosas. Elige una de ellas, imagina que eres tú y preséntate. Después, tu compañero/a hace lo mismo.

Puedes usar estas profesiones:

cantante ■ futbolista ■ tenista ■ actriz

Cuaderno de ejercicios p. 9 Actividades interactivas

Palabra por palabra VOCABULARIO

1 Observa este mapa y relaciona el nombre de los países con su lugar correspondiente.

Francia ▪ Italia ▪ Inglaterra ▪ Alemania
Holanda ▪ Portugal ▪ España ▪ Suiza ▪ Rusia

2 Completa el cuadro con las nacionalidades de algunos países del ejercicio 1.

País	Hombre	Mujer
Francia	francés	....
Portugal	portugués	....
Holanda	....	holandesa
Inglaterra	....	inglesa
Alemania	alemán	....

País	Hombre	Mujer
España	....	española
Italia	italiano	....
Rusia	....	rusa
Suiza	suizo	....
Irlanda	irlandés	....

10 **3** Escucha el diálogo y selecciona la nacionalidad de cada uno.

Daniel es...
español
portugués
francés

Susie es...
suiza
holandesa
inglesa

Olga es...
española
rusa
alemana

Cuaderno de ejercicios p. 10 y 11

Los números del 0 al 31

 4 **Escucha y repite.**

0 cero	**8** ocho	**16** dieciséis	**24** veinticuatro
1 uno	**9** nueve	**17** diecisiete	**25** veinticinco
2 dos	**10** diez	**18** dieciocho	**26** veintiséis
3 tres	**11** once	**19** diecinueve	**27** vientisiete
4 cuatro	**12** doce	**20** veinte	**28** veintiocho
5 cinco	**13** trece	**21** veintiuno	**29** veintinueve
6 seis	**14** catorce	**22** veintidós	**30** treinta
7 siete	**15** quince	**23** veintitrés	**31** treinta y uno

5 **Escucha y marca los números que oyes.**

6 **Escribe los resultados con letras.**

a 6 x 5 = ...

b 3 + 4 = ...

c 15 - 7 = ...

d 20 : 2 = ...

e 7 + 15 + 4 = ...

f 11 x 2 = ...

7 **¿Cuándo es tu cumpleaños? Pregunta a tu compañero/a y escribe el día de su cumpleaños.**

▶ *¿Cuándo es tu cumpleaños?*
◁ *Mi cumpleaños es **el 4 de junio**.*

8 **¿Cuál es tu número de teléfono? Pregunta a tu compañero/a.**

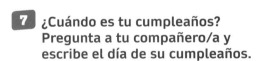

¿Cuál es tu número de teléfono?

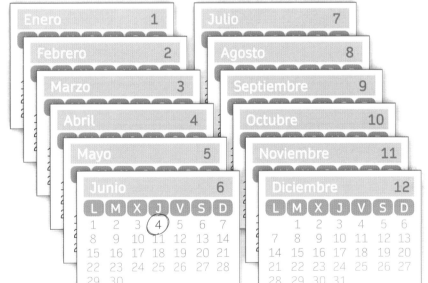

Es el 659 241 487.

Actividades interactivas

Cuaderno de ejercicios p. 11 a 13

GRAMÁTICA

LOS ARTÍCULOS

■ Artículo indeterminado

Sirve para hablar de personas, animales o cosas por primera vez cuando no queremos especificar.

	masculino	femenino
singular	un	una
plural	unos	unas

– *En el aula hay **una** pizarra.*

■ Artículo determinado

El artículo determinado sirve para identificar y hablar de personas, animales o cosas que conocemos.

	masculino	femenino
singular	el	la
plural	los	las

– ***La** pizarra es blanca.*

Videogramas ▶

---

1 **Escribe los artículos determinados e indeterminados de las siguientes palabras.**

a ....un.... / ....el.... 　 b .... / .... 　 c .... / .... 　 d .... / ....
lápiz 　 profesora 　 estudiante 　 carpeta

e .... / .... 　 f .... / .... 　 g .... / .... 　 h .... / ....
profesor 　 bolígrafo 　 estudiante 　 diccionario

---

2 **Escribe los artículos plurales de estos objetos de la clase.**

a .... / .... sillas 　 c .... / .... papeleras 　 e .... / .... mochilas
b .... / .... cuadernos 　 d .... / .... libros 　 f .... / .... estuches

---

3 **Completa las frases como en el ejemplo.**

a ....un.... diccionario ➡ ....el diccionario.... de Juan.
b .... mochila ➡ .... de Marisa.
c .... estuche ➡ .... de Pablo.
d .... mp4 ➡ .... de mi amigo.
e .... pizarra ➡ .... de la clase.

Cuaderno de ejercicios p. 13 y 14

SER, TENER, LLAMARSE: PRESENTE DE INDICATIVO

Pronombres personales	llamar(se)	ser	tener
yo	me llamo	soy	tengo
tú	te llamas	eres	tienes
él/ella/usted	se llama	es	tiene
nosotros/as	nos llamamos	somos	tenemos
vosotros/as	os llamáis	sois	tenéis
ellos/ellas/ustedes	se llaman	son	tienen

Videogramas

- El pronombre personal puede o no aparecer: – *(Yo) me llamo Clara.*
- En la 1.ª y 2.ª persona del plural, el español tiene una forma específica para el femenino:
  Nosotros/vosotros ➡ Alfonso y Gonzalo
  Nosotras/vosotras ➡ Carlota y Matilde
- *Usted* y *ustedes* son **pronombres de cortesía**. Se conjugan igual que la 3.ª persona:
  – *Señor García, ¿de dónde es usted?*

4 **Elige la opción correcta.**

a ¿Cómo **te** / **se** llamas?

b ¿**Tienes** / **Tiene** usted teléfono?

c Él **es** / **eres** el profesor de español.

d ¿De dónde **es** / **eres** tú?

e ¿Cuántos años **tiene** / **tengo** Luis?

f **Nos** / **Os** llamamos Ana y César.

5 **Lee la presentación de Jorge y completa su carné de estudiante.**

Hola, ¿qué tal?
Me llamo Jorge. Mis apellidos son Ordúñez Chamizo. Soy español y estudiante de 4.º de la ESO. Tengo 15 años. Vivo en Madrid, en la calle Almagro.
Hasta pronto.

Carné de estudiante

NOMBRE: ....
APELLIDOS: ....
PAÍS: .... CIUDAD: ....
EDAD: .... años
DIRECCIÓN: C/ ....
ESTUDIOS: .... de la ESO.

6 **Escribe una presentación similar a la de Jorge con tu información personal. Utiliza el modelo del ejercicio 5.**

Hola, ...

Cuaderno de ejercicios p. 14 y 15 ✏ Actividades interactivas ⚙

Suena bien

PRONUNCIACIÓN Y ORTOGRAFÍA

La pronunciación de *ch*, *ñ* y *s*

13 **1** Escucha.

1

chico, **chi**ca, co**che**, dieci**ocho**, escu**char**

El grupo *ch* representa un solo sonido en español: [tʃ]

2

ni**ño**, espa**ñol**, ense**ñar**, ma**ña**na, compa**ñe**ro

La letra *ñ* no existe en otras lenguas, pero sí su sonido: [ɲ]

3

ro**s**a, ca**s**a, **pis**cina, e**s**cribir bo**cas**, gran**des**

En el sur de España y en gran parte de Hispanoamérica, la *s* [s] se aspira al final de la sílaba o palabra.

14 **2** Escucha otra vez y repite.

3 Clasifica las siguientes palabras como grupo 1, grupo 2 o grupo 3 según el cuadro anterior.

so**ñ**ar

Grupo: ....

chocolate

Grupo: ....

escuela

Grupo: ....

silla

Grupo: ....

no**che**

Grupo: ....

cor**cho**

Grupo: ....

pasta

Grupo: ....

España

Grupo: ....

15 **4** Dictado.

1 ....

2 ....

3 ....

4 ....

5 ....

6 ....

Cuaderno de ejercicios p. 16 Actividades interactivas

Sesión de cine VÍDEO

ME LLAMO RIGO

SINOPSIS

Alejandro y María están dando un paseo por el parque.

Allí se encuentran con dos amigos, Ana y Rigo.

Alejandro presenta a María a sus amigos.

Hoy es un día muy especial para Rigo. ¿Quieres saber por qué?

---

1 **Relaciona cada situación con la expresión que puede usar.**

1 Por la mañana.	• a ¡Felicidades!
2 Por la tarde.	• b Hasta luego.
3 Por la noche.	• c Buenas noches.
4 Para responder a una presentación.	• d Buenas tardes.
5 Para saludar.	• e Hola, ¿qué tal?
6 Para despedirnos.	• f Buenos días.
7 Cuando es el cumpleaños de alguien.	• g Encantado/a.

---

2 **Con tu compañero/a, decide a quién saludas de la siguiente manera.**

Dar un beso

Dar la mano

Dar un abrazo

Saludar con la mano

---

 3 **Observa el vídeo y haz las actividades que te va a repartir tu profesor/a.**

Secuencia de vídeo   Actividades interactivas

Mundo **hispano**

Cultura

ASÍ SOMOS

¿Cómo nos saludamos?

En España hay tres maneras de saludar: el beso en las mejillas, el abrazo y el apretón de manos.

El beso está muy extendido y aceptado en ambientes de confianza. Normalmente se dan dos besos, uno en cada mejilla. En la mayoría de los otros países hispanos solo se da un beso en la mejilla derecha.

El abrazo también es un tipo de saludo para un entorno de amigos.

El apretón de manos es el más neutro y se utiliza en situaciones formales.

Nombres y apellidos

El nombre en muchas ocasiones es doble, tanto en hombres como en mujeres: María Luisa, Luis Miguel, Francisco José... Antonio y María del Carmen son los nombres más frecuentes en España.

El primer apellido normalmente es el del padre y el segundo apellido el de la madre. Por ejemplo, si el padre se llama Javier López García y la madre Ana Santos Pérez, los apellidos de los hijos son López Santos. Los apellidos más habituales en España son García y Fernández.

DOCUMENTO NACIONAL DE IDENTIDAD

ESPAÑA

PRIMER APELLIDO
López
SEGUNDO APELLIDO
Santos
NOMBRE
José
SEXO NACIONALIDAD
M ESP
FECHA DE NACIMIENTO
01 05 1972
DESP
AAA-000000
VALIDO HASTA
01 01 2016

DNI
3006508

DNI NÚM
99999999-R

1 **Contesta.**

a ¿Cómo se saluda en España?

b ¿Cuántos besos se dan?

c ¿Cómo se saluda en situaciones formales?

d ¿Cómo se saluda en tu país?

2 **Contesta verdadero (V) o falso (F).**

a Ⓥ Ⓕ En España todos tienen nombres dobles.

b Ⓥ Ⓕ Antonio es un nombre muy común en España.

c Ⓥ Ⓕ Los españoles tienen solo un apellido.

d Ⓥ Ⓕ El primer apellido es el del padre.

3 Marca en el mapa las regiones donde se hablan otras lenguas oficiales.

El idioma español

El español (o castellano) es la lengua que hablan casi 500 millones de personas en todo el mundo. En España no solo se habla español, también hay otras lenguas oficiales: en Cataluña también hablan catalán, en Galicia el gallego y en el País Vasco el euskera. La pronunciación del español es diferente dependiendo de la región de España.

4 Contesta verdadero o falso.

El español en el mundo

El español se habla en muchos países de Hispanoamérica, en Guinea Ecuatorial y en Filipinas. En Estados Unidos mucha gente también habla español. Es la segunda lengua más estudiada en el mundo después del inglés.

Pero el español no se habla igual en todos los países. Existen variedades, que puedes ver en el acento, entre el español de España y el de América.

¿Sabes que hay muchos cantantes o actores famosos hispanos? Por ejemplo, la cantante Shakira es colombiana y la actriz Penélope Cruz es española.

También hay muchos famosos que hablan español: Will Smith, Gwyneth Paltrow, Viggo Mortensen...

a Ⓥ Ⓕ Pocas personas estudian español en el mundo.

b Ⓥ Ⓕ Shakira es de Colombia.

c Ⓥ Ⓕ En Colombia no hablan español.

d Ⓥ Ⓕ El español es igual en todos los países.

e Ⓥ Ⓕ Se habla igual en España y en Hispanoamérica.

🌐 SOCIEDAD | HISPANOS EN EE.UU.

La comunidad hispana en EE. UU. es una de las de mayor crecimiento. "En 2025, uno de cada cuatro estadounidenses será hispano", dice Pablo A. Piccato, profesor de Historia en la Universidad de Columbia, Nueva York. "Unos 52 millones de hispanos viven ahora en Estados Unidos. Forman una comunidad diversa y joven, con una edad promedio de 28 años. Además, tienen un peso político importante", afirma Piccato.

Jennifer Lopez, latina influyente y defensora de los hispanos en EE.UU.

Cuaderno de ejercicios p. 16   Actividades interactivas ⚙

Érase una vez... LITERATURA

16 **1** Lee este fragmento y complétalo con las preguntas que faltan. Luego, escucha y comprueba.

- ¿De dónde eres?
- ¿Eres enfermera?
- ¿Cuántos años tienes?
- ¿Cómo te llamas?

Una condesa muy traviesa

Anciana: Buenos días, jovencita.
Muchacha: Buenos días.
Anciana: a ....
Muchacha: Así es, señora.
Anciana: ¿Vienes por el anuncio del periódico?
Muchacha: Efectivamente.
Anciana: Siéntate, por favor. Soy la condesa de Soria. Dime,
b ....
Muchacha: Me llamo Ester.
Condesa de Soria: Ester, me gusta, es un nombre muy bonito.
c ....
Ester: Soy de Haro, un pueblo de la provincia de Logroño.
Condesa de Soria: d ....
Ester: Tengo veintiocho años.

(Adaptado de *Una condesa muy traviesa*, Encarnación Galindo García, Edit. Edinumen).

2 Encuentra en el texto una palabra para estas definiciones.

....: lo que sirve para dar a conocer un producto.

....: revista donde se dan las noticias del día.

....: título que tiene alguien que pertenece a la clase noble.

....: lugar con pocos habitantes.

3 En parejas, contestad a las siguientes preguntas.

a ¿Cómo se llama la anciana?

....

b ¿Cómo se llama la chica?

....

c ¿De dónde es Ester?

....

d ¿Quién tiene veintiocho años?

....

e ¿Qué hace Ester?

....

4 Henry es un chico holandés de 15 años. Lee el correo que Henry envía a su amigo Michael. El problema es que Michael no sabe quién es quién en la foto. ¿Puedes ayudarle?

Hola Michael:

¿Qué tal? Mira, esta es una foto de mi clase de español en la escuela de idiomas. El Sr. Pérez es colombiano y por eso habla perfectamente el español. Es el profesor de español de la escuela Picasso. En mi clase somos cuatro estudiantes: Jean Pierre,
5 John, Paola y yo.

Jean Pierre tiene veinte años y es francés. Habla muy mal español y nadie le entiende. Todos los días habla con sus amigos por teléfono. Quiere ser médico y trabajar en un hospital.

John es estudiante. Es inglés y tiene diecisiete años. Habla mucho en clase y siempre
10 escucha música en su iPod. Tiene un perro, se llama Tobi.

Paola es italiana. Tiene dieciocho años y es estudiante. Paola habla muy bien español, pero a
15 veces dice palabras en italiano.

En clase solo hablamos en español y es muy difícil entendernos, pero es muy
20 divertido.

Hasta luego,
Henry

5 Completa con tu compañero/a esta tabla con las características de los estudiantes de la clase de Henry.

a Tiene un perro.
b Es de Francia.
c Es italiana.
d Es inglés.
e Es de Holanda.
f Tiene veinte años.
g Habla español perfectamente.
h Tiene dieciocho años.
i Tiene quince años.
j Es de Colombia.

1. John	2. Paola	3. El Sr. Pérez
a		

4. Jean Pierre	5. Henry

6 Estas son algunas frases de los nuevos estudiantes de español. En cada frase hay un error. ¿Puedes corregirlas?

a Me llame Paola.
  Me llamo Paola.

b Tengo años diecisiete.

c Somos francés.

d Ella es camarero.

e ¿Cuántos años eres?

f ¿A qué haces?

Actividades interactivas

Prueba de comprensión de lectura

1 Lee los textos y elige la respuesta correcta.

Valerie es francesa, pero vive en Inglaterra. Su número de teléfono es el 916863850. Es arquitecta y tiene 26 años.

María es chilena.
Es enfermera y vive en Mallorca.

¡Hola! pan hasta
soy los gastos
el trabajo español
saludos muy la madre
ester el estudiante

Carmen es profesora.
Es de México y tiene 28 años.

Manuel tiene 14 años. Vive en Italia, pero es español. Es estudiante.

1 Valerie es de...
  a España.
  b Francia.
  c Italia.

2 Valerie tiene...
  a veintiséis años.
  b dieciséis años.
  c veintitrés años.

3 María es...
  a enfermera.
  b profesora.
  c médica.

4 María vive en...
  a España.
  b Francia.
  c Portugal.

5 Manuel tiene...
  a trece años.
  b once años.
  c catorce años.

6 Manuel es de...
  a México.
  b Italia.
  c España.

7 Carmen es...
  a chilena.
  b italiana.
  c mexicana.

8 Carmen es...
  a policía.
  b profesora.
  c estudiante.

9 En las imágenes hay...
  a dos chicos.
  b una chica y tres chicos.
  c un chico y tres chicas.

 **¡Me lo sé!**

1 Completa las frases con las siguientes palabras.

/10

> soy ▪ qué ▪ tienes ▪ cómo ▪ dieciocho ▪ tengo ▪ dónde ▪ cuál ▪ soy ▪ llamo

a ▶ ¿................................ te llamas?
b ▶ ¿Cuántos años ....?
c ▶ ¿De .... eres?
d ▶ ¿................................ es tu número de teléfono?
e ▶ ¿................................ haces?

▷ Me .... Emilio.
▷ Tengo .... años.
▷ .... argentino.
▷ No .... teléfono.
▷ .... estudiante.

2 Escribe en letras los siguientes números.

/4

a 25 ➡ ....
b 31 ➡ ....

c 11 ➡ ....
d 8 ➡ ....

3 Completa con el verbo correcto.

/6

a Ella .... María y yo me llamo Adrián.
b Ellos .... dieciséis años.
c Nosotros .... alemanes.

d ¿Vosotros .... de Alemania?
e David y yo .... trece años.
f Ellos .... Juan y Adrián.

4 ▪ Completa con el artículo indeterminado adecuado.

/8

a .... bolígrafo.
b .... consola.
c .... sillas.
d .... enfermeros.

▪ Completa con el artículo determinado adecuado.

a .... números.
b .... país.
c .... mesas.
d .... consola.

5 Escribe las nacionalidades correspondientes.

/6

a España ➡ ....
b Italia ➡ ....
c Alemania ➡ ....

d Suiza ➡ ....
e Inglaterra ➡ ....
f Francia ➡ ....

6 Relaciona las imágenes con el mes correspondiente.

/4

☐ a diciembre   ☐ b agosto   ☐ c febrero   ☐ d marzo

Ahora soy capaz de...

a ...saludar y presentarme. Sí No
b ...dar información personal. Sí No
c ...hablar de países y sus nacionalidades. Sí No

Sigue practicando con...

SPANISH BLOGGER Misión 1

 Actividades interactivas

ESTÁS EN TU CASA

 **¿Qué ves?**

1 **Observa a las personas de la imagen y contesta.**

a ¿Dónde están?
....

b ¿Qué relación hay entre ellas?
....

c ¿Qué hacen?
....

2 **Completa las frases con las palabras adecuadas.**

a Están de vacaciones en .... (ciudad).

b Son de Madrid, son .... (nacionalidad).

c El niño mayor y el señor llevan una camiseta .... (color).

3 **Lee y encuentra una diferencia con la imagen.**

Hola, me llamo Juan. Tengo 14 años y soy de Madrid. Es invierno y estoy en Barcelona, mi ciudad favorita. Tengo muchas fotos de la ciudad. Esta es del Parque Güell, un monumento del arquitecto Gaudí, muy famoso en España. También tengo fotos de la Sagrada Familia, otra de sus obras más originales.

**Comenzamos
con un diálogo**

17 **4** **Escucha el diálogo y marca las frases verdaderas (V).**

María: Hola, Juan. ¿Tienes las fotos de Barcelona?

Juan: Sí, aquí tienes mis fotos.

María: En esta foto estás en la Sagrada Familia, ¿verdad?

Juan: Sí, es un lugar muy bonito y conocido.

María: Para mí, esta foto es bellísima. ¿Dónde es?

Juan: Es en el Parque Güell, otro lugar importante de la ciudad.

María: ¿Y cuál es tu foto favorita?

Juan: Esta. Estoy con dos amigos en la Casa Milà, otro edificio conocido de Gaudí.

María: ¿Quiénes son estos chicos?

Juan: Se llaman Karen y Mateo, son mexicanos, pero viven en Barcelona.

María: Para ti, ¿cómo es la gente en Barcelona?

Juan: Es muy simpática y amable.

María: Para mí, también.

Juan: Aquí tienes más fotos.

a ◯ Juan solo tiene tres fotos de Barcelona.

b ◯ En una foto, Juan está en la Casa Milà.

c ◯ Para María, la Sagrada Familia es un lugar muy bonito.

d ◯ Karen es una amiga mexicana.

e ◯ Para María, la gente de Barcelona no es simpática.

18 **5** **Escucha otra vez y repite.**

6 **Observa estas fotos de Juan en su viaje a Barcelona. Con tu compañero/a, crea un diálogo similar al anterior.**

La Casa Milà. Creada por el arquitecto Gaudí.

El monumento a Colón. En el puerto.

La Casa Batlló. Creada por el arquitecto Gaudí.

Maremagnum. Centro comercial en el puerto.

La Torre Agbar. Edificio símbolo de Barcelona.

La Rambla. Avenida muy importante de Barcelona.

La Catedral de Barcelona.

Camp Nou. Estadio de fútbol del Barcelona FC.

Actividades interactivas ⊕

Hablar por hablar — COMUNICACIÓN

HABLAR DE LAS PREFERENCIAS

- ¿Cuál es tu deporte favorito? ➜ – (Mi deporte favorito) es el tenis.
- ¿Cuál es tu animal favorito? ➜ – (Mi animal favorito) es el gato.
- ¿Cuál es tu comida favorita? ➜ – (Mi comida favorita) es la paella.

1 **Fíjate en las cosas favoritas de María y relaciónalas con las frases correspondientes.**

> país ▪ animal ▪ deporte ▪ asignatura ▪ número ▪ comida

a Mi ....
favorito es el perro.

b Mi ....
favorita es Matemáticas.

c Mi ....
favorito es Italia.

d Mi ....
favorita es la paella.

e Mi ....
favorito es el quince.

f Mi ....
favorito es el baloncesto.

2 **Pregunta a tu compañero/a por sus cosas favoritas.**

Encuesta sobre gustos

- número: ....
- comida: ....
- asignatura: ....
- deporte: ....
- animal: ....
- país: ....

EXPRESAR OPINIÓN

Para

- mí,
- ti,
- él/ella/usted,
- nosotros/as,
- vosotros/as,
- ellos/ellas/ ustedes,

el español es

- fantástico.
- maravilloso.
- genial.
- divertido.
- interesante.
- aburrido.
- horrible.

– Para mí, también.
– Para mí, no.

– Sí, es verdad.
– No, no es verdad.

– Creo que sí.
– Creo que no.

Pienso/Creo/Opino que
En mi opinión,

! En español **pienso/creo/opino** van seguidos de **que**.

 3 **Escucha estos diálogos y represéntalos con tu compañero/a.**

 a

Mateo: Para mí, Inglaterra es un país muy bonito. ¿Y para ti?

Belén: Para mí, también.

 b

Jesús: Para mí, el queso francés es fantástico. ¿Y para vosotros?

María y Daniel: Para nosotros, no.

 c

Pedro: Para ti, el español es un idioma muy fácil, ¿verdad?

Jorge: Sí, es verdad.

4 **Escucha las opiniones de María y Juan y señala si opinan igual o diferente.**

a La gente de Barcelona es abierta.
b El fútbol es un deporte divertido.
c El inglés es una lengua difícil.
d Una ciudad pequeña es aburrida.
e Es interesante leer todos los días.

5 **Habla con tu compañero/a y opina sobre estos temas.**

 el fútbol

 la comida

 la música

 los países

Palabra por palabra VOCABULARIO

Barrio La Boca, Buenos Aires.

21 **1** Escucha y lee el nombre de los colores.

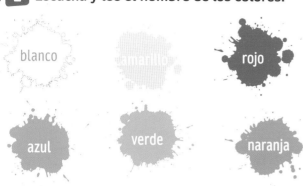

blanco   amarillo   rojo

 azul   verde   naranja   negro   marrón   gris

2 Escribe los colores de las siguientes banderas.

a   b   c   d   e   f

a ....   d ....
b ....   e ....
c ....   f ....

La casa

3 Mira las habitaciones de esta casa y contesta.

 la cocina    el dormitorio    el cuarto de baño    el salón

a ¿De qué color es el dormitorio?   c ¿De qué color es la cocina?
....

b ¿De qué color es el salón?   d ¿De qué color es el cuarto de baño?
....

4 Pregunta a tu compañero/a de qué color son las habitaciones de su casa.

22 **5** Escucha y relaciona.

1 El salón   •   • a verde
2 La clase   •   • b amarillo
3 La cocina   •   • c blanco
4 El dormitorio •   • d naranja

> ■ Los colores concuerdan en género y número con el sustantivo.
> – La mes**a** roj**a**.
> – Los bolígraf**os** roj**os**.

Cuaderno de ejercicios p. 19

Los muebles

6 Escucha y escribe en tu cuaderno los nombres de los muebles que faltan.

cuadro cortina

f
florero
mueble silla
radio
cenicero
e d

salón/sala de estar

a
alfombra

dormitorio/habitación

g
lámpara
cojín
sillón

c
ventana
escritorio
silla de escritorio
b

7 Clasifica los muebles en las distintas habitaciones de la casa. Puede haber varias opciones.

a La cocina	b El dormitorio	c El cuarto de baño	d El salón

- ☐ (las) sillas
- ☐ (el) armario
- ☐ (la) bañera
- ☐ (el) espejo
- ☐ (el) frigorífico
- ☐ (la) almohada
- ☐ (el) horno
- ☐ (la) tele
- ☐ (el) lavavajillas
- ☐ (el) sillón
- ☐ (el) ordenador
- ☐ (la) estantería

8 Dile a tu compañero/a los muebles que tienes en tu habitación y su color.

– *Tengo una estantería negra.*

9 Escucha y repite los números.

┌─ **Los números del 32 al 101** ─────────────────

- **32** treinta y dos
- **40** cuarenta
- **43** cuarenta y tres
- **50** cincuenta
- **54** cincuenta y cuatro
- **60** sesenta

- **65** sesenta y cinco
- **70** setenta
- **76** setenta y seis
- **80** ochenta
- **87** ochenta y siete
- **90** noventa

- **98** noventa y ocho
- **99** noventa y nueve
- **100** cien
- **101** ciento uno

!
- *Y* se usa a partir de 30: *veintiuno, treinta y uno.*
- **100** se escribe **cien** cuando va solo, **ciento** cuando va acompañado de otros números: *ciento uno, ciento dos...*

10 Escribe en letras los números que escuches.

a ....
b ....
c ....
d ....
e ....
f ....

GRAMÁTICA

SUSTANTIVO: EL GÉNERO

- Normalmente, las palabras que terminan en **-o** son masculinas y las que terminan en **-a** son femeninas:
  – **el** bolígraf**o** (masc.)   – **la** cámar**a** (fem.)

 Muchos sustantivos no siguen esta regla.

Ver **Apéndice gramatical** p. 119    Videogramas ▶

1 Escribe si estos sustantivos son masculinos (M) o femeninos (F).

a familia Ⓜ Ⓕ   c chica   Ⓜ Ⓕ   e niño   Ⓜ Ⓕ   g bolígrafo Ⓜ Ⓕ

b libro   Ⓜ Ⓕ   d queso   Ⓜ Ⓕ   f pizarra Ⓜ Ⓕ   h mapa   Ⓜ Ⓕ

ADJETIVO: FORMACIÓN DEL FEMENINO

	masculino	femenino
adjetivos que terminan en **-o** ➡ **-a**	bonit**o**	bonit**a**
adjetivos que terminan en **-e** ➡ invariable	grand**e**	grand**e**
adjetivos que terminan en **consonante** ➡ **-a**	español	español**a**
algunos son **invariables**.	azu**l**	azu**l**

Videogramas ▶

2 Escribe el femenino de estos adjetivos.

a horrible ➡ ....   c pequeño ➡ ....   e interesante ➡ ....

b divertido ➡ ....   d bueno   ➡ ....   f genial   ➡ ....

ADJETIVO Y SUSTANTIVO: FORMACIÓN DEL PLURAL

- palabras que terminan en **vocal** ➡ + **-s**:   mesa / mesas   grande / grandes
- palabras que terminan en **consonante** ➡ + **-es**:   actor / actores   azul / azules
- palabras que terminan en **-z** ➡ + **-ces**:   lápiz / lápices   veloz / veloces

3 Escribe el plural de estas palabras.

a hombre ➡ ....   c ordenador ➡ ....   e libro ➡ ....

b borrador ➡ ....   d carpeta   ➡ ....   f pez   ➡ ....

LA CONCORDANCIA

- Los adjetivos concuerdan en género y número con el sustantivo al que acompañan.

masculino	femenino
El coche bonit**o** y azul	**La** silla bonit**a** y azul
Los coches bonit**os** y azu**les**	**Las** sillas bonit**as** y azu**les**

4 Completa.

a El chico es guapo/La chica es guap........   c Los coches son grandes/El coche es grand........

b La gata es bonita/El gato es bonit........   d La mochila es azul/Las mochilas son azul........

Cuaderno de ejercicios p. 23 a 25

5 Escucha las formas verbales y escribe el pronombre personal.

1 nosotros/as
2
3
4
5

6
7
8
9

6 Lee las frases conjugando los verbos en el presente de indicativo.

a Yo (hablar) perfectamente el inglés.
b ¿Tú (escuchar) música española?
c Marta (bailar) flamenco.
d Carlos y yo (caminar) por el parque.
e Vosotras (cantar) muy bien.
f Ellos (estudiar) en el instituto.

7 Relaciona.

1 Alberto   •   • a estás contenta.
2 Me llamo Dani y   •   • b están en España.
3 Los estudiantes   •   • c estáis tristes.
4 Luisa y tú   •   • d estoy en internet.
5 Tú   •   • e está en la biblioteca.

VERBOS TERMINADOS EN -AR: PRESENTE DE INDICATIVO

Pronombres personales	hablar
yo	hablo
tú	hablas
él/ella/usted	habla
nosotros/as	hablamos
vosotros/as	habláis
ellos/ellas/ustedes	hablan

Ver **Apéndice gramatical** p. 119

EL VERBO ESTAR

■ El verbo **estar** termina en **-ar** en infinitivo, pero es irregular.

	estar
yo	estoy
tú	estás
él/ella/usted	está
nosotros/as	estamos
vosotros/as	estáis
ellos/ellas/ustedes	están

Videogramas

8 Lee el texto y subraya todos los verbos de la 1.ª conjugación (-AR). Luego escribe su infinitivo.

Este chico se llama Juan. Es español y estudia francés e inglés. Habla mucho y canta flamenco. También escucha todo tipo de música en su mp4. Su mejor amiga se llama María. Ella estudia en Madrid, pero viaja al extranjero muchas veces. Ella está ahora en Italia. Ellos siempre pasean por el parque del Retiro los fines de semana y visitan otras ciudades.

! En español solo existen dos artículos contractos:

■ a + el: **al**
■ de + el: **del**

Videogramas

PRONUNCIACIÓN Y ORTOGRAFÍA

Las letras *h*, *ll*, *y*

1 Lee los siguientes cuadros.

h	**ll**	**y**

■ La letra ***h*** en español no se pronuncia y puede acompañar a todas las vocales.
Se escriben con ***h*** palabras como: *aho*ra, ***hue***vo, ***hie***lo, ***hos***pital, ***ha***cer, ***ha***blar...

■ La ***ll*** se pronuncia en español con un solo sonido [λ]:
– *En el norte de España **llue**ve mucho.*

■ La ***y*** se pronuncia:
• ***i*** cuando va sola o al final de la palabra:
– *Carlos **y** María son mis amigos.*
– *El re**y** de España se llama Felipe.*
• de modo similar a la ***ll*** cuando va dentro de una palabra:
– *Luis se ca**yó** por las escaleras.*

2 Busca estas palabras en la sopa de letras.

huevo

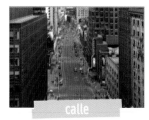
calle

desayuno

lluvia

hielo

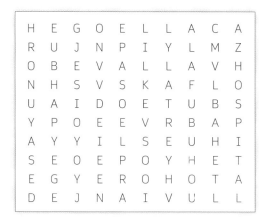

```
H E G O E L L A C A
R U J N P I Y L M Z
O B E V A L L A V H
N H S V S K A F L O
U A I D O E T U B S
Y P O E E V R B A P
A Y Y I L S E U H I
S E O E P O Y H E T
E G Y E R O H O T A
D E J N A I V U L L
```

yo-yo

llave

rey

3 En la sopa de letras aparece una palabra que no tiene dibujo. ¿Cuál es?

Pista: lugar donde va la gente cuando está enferma _ _ _ _ _ _ _ _

4 Dictado.

1 ....
2 ....
3 ....
4 ....
5 ....

Sesión de cine · VÍDEO

Adivina quién es

SINOPSIS

Alejandro llega a su casa, acompañado de María, Rigo y Ana. Quedan para jugar a "Adivina quién es". El juego consiste en escribir una palabra en una hoja, como un famoso, un color, una comida, etc. y con mímica tienen que representarlo. El resto de amigos tiene que adivinarlo haciendo preguntas. El primero en comenzar es Alejandro. ¿Consiguen adivinar su personaje?

1 Contesta a las siguientes preguntas.

   a ¿Cuál es tu cantante favorito?

   b ¿Cuál es tu comida favorita?

2 Observa las imágenes y elige las respuestas correctas.

   1 ¿Por qué escribe el nombre de Shakira en un papel?
     a Para comprobar la respuesta al final del juego.
     b Porque no puede hablar.
     c Porque tiene que escribir quién es su cantante favorito.

   2 ¿Qué hacen los amigos?
     a Descansar después de clase.
     b Escuchar música de Shakira.
     c Adivinar el personaje secreto.

3 Fíjate en las imágenes y completa las fichas con la información requerida.

Nombre: ....
Nacionalidad: ....
Edad: ....
¿Más información? ....

Nombre: ....
Es típico de: ....
Color: ....
¿Más información? ....

4 Observa el vídeo y haz las actividades que te va a repartir tu profesor/a.

Secuencia de vídeo ▶   Actividades interactivas ⚙

VIVIR EN ESPAÑA

¡Ven y visita España!

Galicia
Asturias
Cantabria
País Vasco
Navarra
La Rioja
Castilla y León
Cataluña
Aragón
Madrid
Valencia
Extremadura
Castilla-La Mancha
Islas Baleares
Murcia
Andalucía
Islas Canarias
Ceuta
Melilla

1 Contesta a las siguientes preguntas.

a ¿Cuántos habitantes hay en tu país?

b ¿Cuánta gente vive en el campo o en la ciudad?

c ¿Cuáles son las ciudades más importantes?

d ¿Qué tipo de viviendas hay en tu país?

2 Lee los siguientes textos.

¿Pueblo o ciudad?

En España, mucha gente en las ciudades vive en pisos. En el centro, los pisos generalmente son antiguos y muchos no tienen ascensor.

Pisos tradicionales en el centro de Madrid.

La gente joven quiere vivir en el centro porque hay mucha vida nocturna. Normalmente viven en apartamentos o estudios. Para las familias con niños es mejor vivir más lejos del centro, porque tienen más espacio y los pisos son más grandes.

Las casas de las grandes ciudades tienen dos o tres dormitorios, salón, cocina y uno o dos baños. Es muy común tener un pequeño balcón o terraza con flores o plantas.

Las ciudades tienen muchos barrios en los que hay supermercados, parques, iglesias, un centro de salud, tiendas y una vida muy animada. También tienen muchos medios de transporte como metro, autobuses y trenes.

Un chalet en Marbella.

En los pueblos españoles la gente vive en casas más grandes, chalés o adosados. Tienen tres o cuatro dormitorios, salón, comedor, cocina y patio. La gente vive en casas de una o dos plantas, pero los pueblos no tienen tantos servicios como las ciudades: medios de transporte, escuelas, centros de salud, etc.

Apartamentos modernos en Barcelona.

Una casa muy famosa

"¡Hola! Mi nombre es Lidia y soy de Barcelona. Me encanta vivir en mi ciudad: es bonita, cosmopolita y moderna. Yo vivo en un piso en el centro: es viejo, pero la decoración y los muebles son modernos.

Mi edificio favorito en Barcelona es la Casa Milà, o La Pedrera. Está en el Paseo de Gracia, número 92. Es un famoso edificio del arquitecto Antonio Gaudí, inspirado en la naturaleza. Me gustan mucho los balcones de la casa porque son originales. También me encanta la azotea: allí hay muchas columnas y una vista muy bonita de la ciudad. En La Pedrera viven varias familias... ¡Qué suerte tienen!".

La Pedrera, en Barcelona, y su azotea.

Vivir en familia

En España, muchos jóvenes españoles menores de 30 años viven con sus padres. Solo el 20% es independiente.

Los motivos son una combinación de tradición y economía. La familia es muy importante en la cultura española, pero, además, muchos jóvenes no tienen trabajo y no pueden alquilar una casa.

Los jóvenes españoles dicen que la familia y los amigos son las cosas más importantes en su vida.

Vivir con los padres hasta los 30 años también es normal en muchos países hispanoamericanos.

La familia es muy importante para los jóvenes españoles.

3 Ahora, decide si la información es verdadera (V), falsa (F) o no se dice nada (N).

a ⓥ Ⓕ Ⓝ La azotea está en la parte de arriba de un edificio.

b ⓥ Ⓕ Ⓝ Es normal vivir con la familia a los 40 años.

c ⓥ Ⓕ Ⓝ Lidia vive en un piso viejo.

d ⓥ Ⓕ Ⓝ La Pedrera está en Barcelona.

e ⓥ Ⓕ Ⓝ La calle Real de Priego es una calle principal muy larga.

f ⓥ Ⓕ Ⓝ En los pueblos la gente vive en estudios.

4 Habla con tu compañero/a: ¿cómo son las casas en tu país? ¿Qué diferencias tienen con España?

✈ VIAJE

Una calle con plantas en Priego de Córdoba.

EL PUEBLO MÁS BONITO

El pueblo de Priego de Córdoba está en Andalucía, una región en el sur de España. Según una encuesta del periódico ABC, es el pueblo más bonito de España.
Es un lugar con mucha historia y sitios interesantes. Por ejemplo, la calle Real es una calle peque-ña, de piedra, con casas de color blanco. En primavera, la gente decora sus casas con plantas y flores.

Cuaderno de ejercicios p. 27   Actividades interactivas

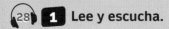
(28) **1** Lee y escucha.

Jon y la máquina del miedo

Mi barrio se llama Moratalaz
y está en Madrid. En mi barrio
viven más de cien mil
personas. La mayoría de
5 esas cien mil personas viven
en edificios enormes, de ocho
o nueve pisos, o incluso más…

Yo vivo en un bajo, en el bajo derecha, pero mi
edificio tiene diez pisos. Y allí arriba, justo en el
10 décimo vive Claudia con sus padres, sus
hermanos y un perro doberman enorme.

(Roberto Santiago,
Jon y la máquina del miedo, 1999, Edit. Edebé).

Roberto Santiago

Nació en Madrid en 1968. Es guionista de
televisión y escritor. Su primera novela es
El ladrón de mentiras, finalista del Premio
El Barco de Vapor y *Jon y la máquina
del miedo*, Premio Edebè de Literatura
Infantil. Su colección **Los Futbolísimos**
es una de las colecciones de literatura
infantil más vendidas en España en los
últimos años, y ha sido traducida a varios
idiomas.

2 **Relaciona las siguientes palabras con su significado.**

1 barrio
2 edificio
3 bajo
4 décimo

a Piso que está en la planta diez de un edificio.
b Cada una de las zonas de una ciudad.
c Piso que está a la altura de la calle.
d Construcción donde viven varias familias.

3 **Responde a las siguientes preguntas.**

a ¿Dónde vive Jon?

b ¿Vive en una casa o en un piso?

c ¿Cómo se llama su barrio?

d ¿En qué planta vive?

e ¿Qué animal tiene Claudia?

4 Lee este pequeño relato sobre Raquel y completa los espacios en blanco. Las imágenes representan las palabras que faltan.

Los *problemas* de Raquel

Yo **a** .... todos los días en la terraza de mi casa. Para mí, Shakira es la mejor cantante y me gusta bailar con su música. Quiero ser cantante y bailarina. Compro todos los discos nuevos de mis cantantes favoritos y bailo y canto cuando vuelvo del instituto.

5 Mi vecino, que es muy feo y antipático, habla con mi madre: "¡Señora, Raquel hace mucho ruido! Baila todo el día y es imposible descansar!". Mi madre escucha atentamente y luego habla conmigo: "¡Raquel, te prohibo bailar en la terraza!". Para mí, mi vecino es horrible. ¡Ya tengo **b** .... años! ¡Soy de Sevilla y amo la música!

Mis colores favoritos son el azul y el rojo. Seguro que el color preferido de mi vecino es
10 el negro.

La **c** .... me pregunta: "Raquel, ¿de dónde es Cristobal Colón?", pero yo escucho mi mp4 y no contesto a la pregunta. La profesora habla con mi madre: "Raquel escucha todo el día el mp4 en el instituto". Seguro que el color preferido de mi profesora también es el **d** ....

15 No puedo escuchar el **e** .... en el instituto porque la profesora habla con mi madre.

No puedo bailar en el salón porque el **f** .... es amarillo y hay una lámpara.

No puedo bailar en el **g** .... porque es blanco.

20 No puedo bailar en la **h** .... porque mi vecino habla con mi madre.

¡Tengo muchos problemas!

Prueba de gramática

1 Mira el dibujo y elige las opciones correctas.

1 El dormitorio es...
 a una habitación.
 b un mueble.
 c un electrodoméstico.

2 ... música en el ordenador.
 a Estoy
 b Hablo
 c Escucho

3 La cama es...
 a rojo.
 b roja.
 c rojas.

4 La ... es marrón.
 a estantería
 b lámpara
 c silla

5 Los bolígrafos están en...
 a la mesa.
 b la mesilla.
 c la estantería.

6 Los libros ... son cuatro.
 a verdes
 b amarillos
 c rojos

7 ... mí, el dormitorio es grande.
 a Por
 b Para
 c A

8 En el dormitorio, nosotros ... bien.
 a estudio
 b estudiáis
 c estudiamos

Prueba de expresión e interacción orales

2 Mira otra vez el dibujo y describe la habitación.
 – *La silla es negra y azul. Las zapatillas son azules,...*

1 Relaciona las siguientes frases.

/4

1 Para mí, el sofá
2 Shakira
3 Creo que la cocina
4 Para mí, el rojo

- a es mi cantante favorita.
- b es mi color favorito.
- c es un lugar importante en la casa.
- d es un mueble fantástico.

- No es verdad. El dormitorio es mi favorito.
- Para mí, también.
- Creo que Julieta Venegas canta mejor.
- Para mí, el color azul.

2 Corrige los errores de cada frase.

/5

a La armario es verde. ➜ ....

b La cocina tiene un horno roja. ➜ ....

c El espejo del baño es negra. ➜ ....

d ¿Cuál es tu color favorita? ➜ ....

e Mi ciudad favorito es Sevilla. ➜ ....

3 Elige la opción correcta.

/4

a El armario es **blanca** / **blanco**.

b **El** / **los** espejo es muy grande.

c El dormitorio de Carmen es **rojo** / **roja**.

d **La sofá** / **El sofá** está en el salón.

4 Completa las frases con el presente de los verbos entre paréntesis.

/8

a Pedro .... (bailar) muy bien.

b Paloma y Marta .... (comprar) mochilas rojas.

c Yo .... (escuchar) la radio por la noche.

d Valencia .... (estar) en España.

e Vosotros .... (visitar) a vuestro antiguo profesor.

f Tú .... (hablar) mucho.

g Lucía .... (estar) en la escuela.

h Yo .... (pasear) por el parque.

5 Encuentra el intruso de cada lista de palabras.

/3

a dormitorio / salón / sofá / cocina / terraza ➜ ....

b vitrocerámica / ducha / bañera / lavabo / espejo ➜ ....

c negro / amarillo / verde / grande / azul ➜ ....

6 Completa los siguientes números.

/6

a 32 ➜ treinta y ....

b 25 ➜ .... cinco.

c 58 ➜ .... y ocho.

d 48 ➜ cuarenta y ....

e 89 ➜ ochenta y ....

f 91 ➜ .... y uno.

Ahora soy capaz de...

a ...expresar mis opiniones y mis preferencias.   Sí   No

b ...hablar de muebles de mi casa.   Sí   No

c ...describir objetos y lugares.   Sí   No

Sigue practicando con...

Actividades interactivas ⊕

1 Aquí tienes la ficha de un famoso cantante.
Complétala con las palabras del cuadro.

> divertidas ▪ para ▪ cantante ▪ tengo
> soy ▪ negra ▪ es ▪ llamo ▪ tengo ▪ favorita

Me .... José Sol. Soy ....,
canto canciones románticas y ....
Pienso que mis canciones son fantásticas.
.... mí, cantar .... genial.
.... español, de Toledo. ....
veinte años. .... dos guitarras, una ....
y una azul. La guitarra azul es mi ....

2 Escucha la entrevista a José Sol en la radio y contesta.

a ¿Cuál es su canción favorita?

b ¿Cuál es su ciudad favorita?

c ¿Dónde vive ahora José?

d ¿Cómo es su casa?

e ¿Cuántas habitaciones tiene?

f ¿Dónde escribe sus canciones?

a ....

b ....

c ....

d ....

e ....

f ....

3 Ahora coloca las respuestas de José Sol en la entrevista.

Periodista: Tenemos con nosotros al famoso cantante José Sol. Buenos días, José.

José Sol: ....7.............

Periodista: Encantado de conocerte, es un placer para mí.

José Sol: ....

Periodista: De todas tus canciones, ¿cuál es tu canción favorita?

José Sol: ....

Periodista: Has cantado en muchas ciudades, pero, ¿cuál es tu ciudad favorita?

José Sol: ....

Periodista: ¿Dónde vives? ¿En Toledo?

José Sol: ....

Periodista: Increíble. ¿Cuál es tu habitación favorita?

José Sol: ....

Periodista: Muchas gracias por la entrevista y hasta pronto.

José Sol: ....

Respuestas de José Sol

1 No, no, ahora vivo en Madrid, en una casa muy grande con cuatro dormitorios, dos cocinas, tres cuartos de baño y un salón.

2 Mi canción favorita es *La canción de los colores*. Es mi nueva canción.

3 Pienso que Madrid es genial, pero para mí, Toledo es mi ciudad favorita. Yo soy de Toledo y me gusta cantar allí.

4 Creo que el salón. En el salón escribo mis canciones.

5 Igualmente.

6 Gracias a vosotros, adiós.

7 Hola, buenos días.

4 **Con tu compañero/a, prepara una entrevista de radio. Sigue el ejemplo del ejercicio 3.**

5 **José Sol canta en todos estos países. Escribe los colores de las banderas.**

6 **Lee ahora una parte de *La canción de los colores* y completa con el vocabulario de la casa.**

La a .... es verde,
el b .... es verde

Oh, oh, oh

La c .... es roja,
el d .... es rojo

Oh, oh, oh

El e .... es azul,
la f .... es azul

Oh, oh, oh.

¡ES MUY SIMPÁTICA!

 ¿Qué ves?

Nicolás

1 Observa la imagen de arriba y relaciona.

1 Tiene cinco años y lleva una camiseta de rayas.
2 Tiene nueve años y lleva una camiseta azul.
3 Tiene treinta y cinco años y el pelo largo.
4 Tiene setenta años y lleva un vestido azul.
5 Tiene cuarenta años y el pelo corto.
6 Tiene setenta y tres años y el pelo blanco.

2 Ahora señala las afirmaciones correctas sobre la familia de Nicolás.

a ☐ El señor **c** y la señora **b** son sus padres.
b ☐ El señor **c** y la señora **b** son sus abuelos.
c ☐ Aparecen seis personas.
d ☐ Puedes ver a una chica joven y tres niños.
e ☐ Puedes ver a una niña y un niño.
f ☐ La niña tiene más de once años.
g ☐ La niña tiene menos de once años.
h ☐ La familia está en su casa.

Comenzamos con un **diálogo**

 3 Escucha el diálogo y contesta verdadero (V) o falso (F).

Nicolás: Mira, María, mi familia.

María: ¿Quién es ese hombre?

Nicolás: Es mi padre. Y ella es mi madre. Mi padre es castaño, igual que yo.

María: Sí, es verdad. Tu padre es muy alto, ¿no?

Nicolás: Sí. Mi madre es morena como mi hermana.

María: ¿Tu hermana es esta que lleva una camiseta de rayas? Es muy guapa.

Nicolás: Sí, y también es muy simpática.

María: ¿Y este niño?

Nicolás: Es mi hermano pequeño.

María: Sois los tres muy diferentes.

Nicolás: Sí, es cierto. Y tú, ¿cuántos hermanos tienes?

María: No tengo hermanos. Soy hija única.

a Nicolás tiene dos hermanos. Ⓥ Ⓕ

b El padre de Nicolás es alto. Ⓥ Ⓕ

c Sus padres son morenos. Ⓥ Ⓕ

d El hermano de Nicolás es muy simpático. Ⓥ Ⓕ

e María tiene un hermano mayor. Ⓥ Ⓕ

4 Escucha otra vez y repite.

5 Mira las fotos, lee la información y elige la opción correcta.

Es rubia, tiene los ojos azules y el pelo largo y liso.
Astrid

Es morena, delgada y tiene los ojos negros. Es antipática.
Rebeca

Es pelirroja y tiene el pelo largo y rizado. Es joven.
Aneta

Es moreno y simpático. Tiene el pelo corto. Es bajo.
Román

Es mayor, es gordo y tiene el pelo blanco. Lleva una camisa verde.
Paco

Es calvo. Tiene los ojos verdes. No lleva barba.
Carlos

Es alta y gorda, tiene el pelo negro y ondulado.
Emily

Es alto y delgado. Tiene el pelo rubio, largo y recogido en una coleta.
Gabriel

a Román **lleva** / **es** un jersey azul.

b Astrid es **rubia** / **azules** y tiene el pelo **liso** / **joven**.

c Carlos no tiene pelo. **Es calvo** / **Tiene el pelo liso**.

d Paco tiene setenta años. Es **mayor** / **joven**.

e Rebeca **tiene** / **es** los ojos negros.

f Emily es **alta** / **baja** y gorda.

g Gabriel tiene el pelo **moreno** / **rubio** y largo.

Actividades interactivas ⚙

COMUNICACIÓN

EL ASPECTO FÍSICO

▶ ¿Cómo es Luis?
▷ Es...

alto/a	delgado/a	guapo/a

bajo/a	gordo/a	feo/a

▷ Tiene el pelo...

rubio y largo	moreno y liso	castaño y corto

pelirrojo y rizado	blanco

> ! Se puede decir también: *Es rubio/a, es moreno/a...*

▷ Tiene los ojos...

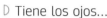

azules	verdes

negros	marrones

▷ Es...   ▷ Lleva...

calvo	bigote	barba

1 En parejas, describid a un amigo/a o compañero/a de clase.

2 Completa.

 **a**
 **b**

 **c**
 d

a Este señor es muy .... y
....

b María es .... y tiene el
pelo ....

c Ana es .... y tiene el
pelo rubio y ....

d Javier tiene el pelo ....
y lleva ....

🎧 32 **3** Escucha e identifica a las personas.

4 Describe físicamente a una de estas
personas. Tu compañero/a debe adivinar a
quién te refieres.

DESCRIBIR EL CARÁCTER

▶ ¿Cómo eres?
◻ Soy abierto y tranquilo.

▶ ¿Cómo es?
◻ Marta es muy simpática.

> ❗ ■ Si se describe un aspecto negativo del carácter, en español se antepone **un poco**:
> – *Jaime es **un poco** vago.*

simpático/a ≠ antipático/a
trabajador/a ≠ vago/a
abierto/a ≠ tímido/a
hablador/a ≠ reservado/a
tranquilo/a ≠ nervioso/a
generoso/a ≠ egoísta

divertido/a ≠ aburrido/a
amable ≠ maleducado/a
responsable ≠ irresponsable
inteligente ≠ torpe
alegre ≠ serio/a
sincero/a ≠ falso/a

5 **Habla con tu compañero/a. Describe el carácter de tu mejor amigo o amiga.**

HABLAR DEL ESTADO FÍSICO

▶ ¿Cómo estás?
◻ Tengo frío.

▶ ¿Qué te pasa?
◻ Tengo sueño.

Tener hambre
Tener sed
Tener calor

Tener frío
Tener sueño

6 **Observa estos mensajes de WhatsApp. ¿Qué le pasa a cada a uno de ellos?**

Hola, chicos, ¿cómo estáis?

33 **7** **Escucha estos diálogos y completa. Luego represéntalos con tu compañero/a.**

Nuria: Mi amiga Marta tiene ....
Luis: ¿Por qué?
Nuria: Porque no lleva ....

Alberto: El profesor de Lengua es muy ....
Luis: Sí, es verdad, y también es muy .... en clase.

Juanjo: Mi novia es divertida, ..., inteligente...
Carlos: ¿No tiene defectos?
Juanjo: Bueno, sí, es un poco ....

Cuaderno de ejercicios p. 31 y 32 🖊   Actividades interactivas ⚙

La familia

1 Observa la familia de Jaime y completa las frases.

Pilar · Pablo · María · Juan · Rosa · Francisco · Ester · Carmen · Jaime · Luis · Daniela

La familia de Jaime no es muy grande. Su **padre** se llama Francisco y su **madre** Rosa Sabater. Francisco y Rosa son **marido** y **mujer**. Tienen tres **hijos**: la mayor es Carmen, que tiene 16 años, Jaime, su **hermano** pequeño, tiene 8 años, y Daniela, la **hermana**, tiene 12 años. El padre de Francisco se llama Juan, y su madre, Ester. Juan y Ester son los **abuelos** de Carmen, Jaime y Daniela. Jaime y sus hermanas son los **nietos** de Juan y Ester y los **sobrinos** de Pilar, su **tía**, la hermana de Francisco. Pilar está casada con Pablo y tienen dos hijos: María y Luis. María y Luis son los **primos** de Jaime.

```
        abuelo ── abuela                              los abuelos
tío ── tía          padre ── madre                    los padres
    primo/a       hermano/a    yo                      los hijos
```

a Francisco es el .... de Rosa.

b El .... de Jaime se llama Francisco.

c Daniela es la .... de Jaime.

d Francisco y Rosa tienen tres ....

e Los .... de Jaime se llaman Juan y Ester.

f Rosa es la .... de Francisco.

g Pilar es la .... de Carmen.

h María y Luis son .... de Daniela.

i Juan y Ester tienen cinco ....

j Pilar tiene tres ....

34 **2** Escucha a Paula hablar de su familia y escribe quiénes son estas personas

a Julia ➡ ....

b Sara ➡ ....

c Pepe ➡ ....

d Antonio ➡ ....

3 Ahora, habla con tu compañero/a y pregúntale cómo se llaman los miembros de su familia.

¿Cómo se llama tu padre?

Mi padre se llama John.

4 Escribe un texto para describir a tu familia, su físico y su carácter.

Cuaderno de ejercicios p. 32 a 34

La ropa

5 Escucha y lee el nombre de las prendas de vestir.

(la) cazadora

(el) pantalón de vestir

(la) bufanda

(los) vaqueros

(el) abrigo

(el) jersey

(la) ropa interior

(la) camiseta

(la) camisa

(el) sujetador

(las) bragas

(la) gorra

(los) calzoncillos

(el) vestido

(los) zapatos

(la) corbata

(el) cinturón

(la) zapatilla de deporte

(la) falda

(la) bota

(el) zapato de tacón

(el) calcetín

(el) traje

(las) sandalias

6 Observa las ilustraciones y completa los textos.

Santiago lleva una .... amarilla, una
.... negra, una .... de rayas y un
.... verde. Su .... es marrón y sus
.... son naranjas.

Noelia lleva unas .... azules y un ....
de color marrón. Lleva también una .... de
flores y una .... de color rosa.

7 Describe qué lleva hoy tu compañero/a.

Cuaderno de ejercicios p. 34 a 36

Actividades interactivas

VERBOS TERMINADOS EN -ER Y EN -IR: PRESENTE DE INDICATIVO

	comer	vivir
yo	como	vivo
tú	comes	vives
él/ella/usted	come	vive
nosotros/as	comemos	vivimos
vosotros/as	coméis	vivís
ellos/ellas/ustedes	comen	viven

Videogramas ▶

1 **Lee el texto y completa conjugando los verbos en el presente de indicativo.**

Enrique y Marta son hermanos, ... (vivir) juntos, pero son muy diferentes. Él siempre .... (comer) pasta y ella ensaladas. Él .... (beber) zumo de naranja y ella de piña. Los dos .... (leer) novelas, pero él .... (leer) novelas de aventuras y ella novelas de amor. Marta .... (aprender) italiano y Enrique alemán. Los amigos de Enrique y Marta siempre .... (escribir) correos electrónicos para comunicarse con ellos. Marta .... (abrir) los correos todos los días, pero Enrique no. Son diferentes, pero nunca .... (discutir).

LOS ADJETIVOS POSESIVOS

singular		plural	
masculino	**femenino**	**masculino**	**femenino**
Mi coche	**Mi** casa	**Mis** coches	**Mis** casas
Tu coche	**Tu** casa	**Tus** coches	**Tus** casas
Su coche	**Su** casa	**Sus** coches	**Sus** casas
Nuestro coche	**Nuestra** casa	**Nuestros** coches	**Nuestras** casas
Vuestro coche	**Vuestra** casa	**Vuestros** coches	**Vuestras** casas
Su coche	**Su** casa	**Sus** coches	**Sus** casas

! Los adjetivos posesivos indican pertenencia. Concuerdan con el sustantivo al que hacen referencia y siempre lo preceden.

Videogramas ▶

2 **Elige la opción correcta.**

a **Mi** / **Nuestros** / **Mis** hermanas son altas.

b **Su** / **Sus** / **Nuestro** padres están alegres.

c **Mi** / **Tu** / **Tus** abuelos son muy mayores.

d **Vuestro** / **Sus** / **Vuestra** habitación es pequeña.

e **Mis** / **Nuestros** / **Tu** amigas son muy simpáticas.

f **Mi** / **Nuestro** / **Sus** hijas estudian en Francia.

3 **Completa las frases con un adjetivo posesivo.**

a (yo) .... amigo aprende portugués.

b (ellos) .... perro se llama Lupo.

c (nosotros) .... padres son médicos.

d (tú) .... camisa es muy bonita.

e (vosotros) .... casa es muy grande.

f (ella) .... primos viven cerca.

Cuaderno de ejercicios p. 36 y 37

4 Subraya los adjetivos posesivos del siguiente texto.

Tengo dos hermanos: Dani y Ana. Nuestros padres se llaman Javier y Marisa. Vivimos en Sevilla. Nuestro padre es alto y delgado y nuestra madre es rubia. Mi hermano Dani tiene 11 años y mi hermana Ana tiene casi seis. Ana es muy inteligente y alegre. Dani es muy divertido y un poco vago en el colegio. La hermana de mi padre tiene dos hijos gemelos. Está muy cansada porque sus hijos son un poco traviesos.

¿Cómo es tu familia?

LOS ADJETIVOS DEMOSTRATIVOS

■ Los adjetivos demostrativos concuerdan en género y número con el sustantivo al que acompañan y sirven para situarlo:
  – cerca de la persona que habla (*aquí*): **este**;
  – a una distancia intermedia entre la persona que habla y la que escucha (*ahí*): **ese**;
  – lejos de la persona que habla (*allí*): **aquel**.

Videogramas

	singular		plural	
	masculino	**femenino**	**masculino**	**femenino**
Aquí (cerca)	este	esta	estos	estas
Ahí (medio)	ese	esa	esos	esas
Allí (lejos)	aquel	aquella	aquellos	aquellas

Este chico es mi amigo Manuel. Es muy simpático.

Esa chica es mi hija.

Es muy guapa.

Aquellos chicos son mis amigos.

Son muy altos.

5 Transforma las frases del singular al plural o viceversa.

a Esa mujer está muy nerviosa.

b Estos alumnos son un poco habladores.

c Aquel hombre tiene los ojos azules.

d Aquellas señoras son muy mayores.

6 Completa las frases con un adjetivo demostrativo.

a .... camisetas de aquí son muy baratas, pero .... camisas de allí son más bonitas.

b .... zapatos que tienes en la mano son muy bonitos, ¿verdad?

c ¡Qué horror! .... música que ponen aquí es muy mala.

d Y .... alumnas de allí, ¿de qué curso son?

e .... chico de ahí, el que está sentado en la mesa de al lado, es mi compañero.

Cuaderno de ejercicios p. 37 y 38   Actividades interactivas

PRONUNCIACIÓN Y ORTOGRAFÍA

 36 **1** Escucha la pronunciación de estas palabras.

El sonido /k/	**El sonido /θ/**
c + a ➡ **ca**lvo	c + e ➡ **ce**ro
c + o ➡ **co**rto	c + i ➡ **ci**nco
c + u ➡ **cu**rso	z + a ➡ ri**za**do
qu+ e ➡ pe**que**ño	z + o ➡ **zo**rro
qu + i ➡ tran**qui**lo	z + u ➡ **zu**rdo

2 Lee en voz alta las siguientes sílabas.

za-   ce-   qui-   zu-   co-   cu-   ci-   que-   zo-   ca-

37 **3** Escucha y escribe debajo de cada imagen la palabra correspondiente.

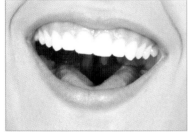

1 ....

2 ....

3 ....

4 ....

5 ....

6 ....

4 Escribe *z* o *c*.

a ....ine   d a...............ul
b ....apato   e lu...............
c ....ero   f ....ien

5 Escribe *c* o *qu*.

a ....asa   f ....ien
b ....ontento   g ....uatro
c ....e   h simpáti...............a
d ....osa   i a...............í
e ....uanto   j ....eso

38 **6** Dictado.

1 ....   5 ....
2 ....   6 ....
3 ....   7 ....
4 ....   8 ....

Cuaderno de ejercicios p. 38   Actividades interactivas

Sesión de cine

VÍDEO

MI FAMILIA

SINOPSIS

Rigo tiene que hacer un trabajo para la asignatura de Geografía sobre el número de hijos en las familias chinas. De repente llega su amiga María. ¿Qué le muestra María a Rigo en el ordenador?

1 Con un compañero/a, responde a las siguientes preguntas.

a ¿Cómo es tu familia?

b ¿Cuántas personas hay en tu familia?

c ¿Cómo se llaman?

d ¿Os reunís con frecuencia?

2 Mira las imágenes y contesta a las preguntas. Luego, lee la sinopsis y comprueba.

a ¿Qué crees que hace Rigo? ¿Por qué?

b ¿De qué hablan Rigo y María? ¿Crees que hablan de los deberes, de un programa de televisión o de otra cosa?

c ¿Cómo son los dos chicos? ¿Qué relación tienen? ¿Son amigos? ¿Son hermanos?

 3 Observa el vídeo y haz las actividades que te va a repartir tu profesor/a.

Secuencia de vídeo    Actividades interactivas

Mundo hispano
Cultura

FIESTAS EN ESPAÑA

Durante las fiestas de Navidad las calles se adornan con luces y en las casas y edificios públicos se pone un árbol de Navidad y un belén. El belén es una representación del nacimiento de Jesús.

diciembre 24 El **24 de diciembre** es Nochebuena. Es costumbre hacer una gran cena con la familia y cantar villancicos, que son las canciones tradicionales de Navidad.

diciembre 25 El **25 de diciembre** se celebra el día de la Navidad, también en familia y con una gran comida típica de estas fechas: marisco, cordero asado, pavo... Se toman también dulces navideños, como son el turrón y los mazapanes.

diciembre 28 El **28 de diciembre** es el día de los Santos Inocentes. Este día los españoles gastan bromas.

diciembre 31 El **31 de diciembre** es Nochevieja. Hay una gran cena también. A las 12 de la noche, con las campanadas, se comen las doce uvas de la suerte, una por cada campanada y cada mes del año.

enero 1 El **1 de enero** es Año Nuevo y también se celebra en familia y con otra gran comida.

enero 5 El **5 de enero** es la fiesta de los niños, los Reyes Magos. Por la tarde, en los pueblos y ciudades hay un desfile o "cabalgata" con los tres Reyes Magos de Oriente que saludan a los niños y les regalan caramelos. Días antes, todos los niños escriben una carta para pedir los juguetes que desean y que los Reyes les llevan el 6 de enero a su casa. Se come el típico "roscón de reyes": un dulce exclusivo de ese día que contiene una sorpresa.

1 Lee el texto y contesta verdadero (V) o falso (F).

a (V) (F) Los adornos típicos de Navidad en España son el árbol y el belén.

b (V) (F) Las doce uvas se comen en Nochebuena.

c (V) (F) Los regalos se reciben el día de Navidad.

d (V) (F) El día 5 de enero se celebra un desfile con los tres Reyes Magos.

e (V) (F) Todas las fiestas de Navidad se celebran en familia con una gran comida o cena.

2 Ahora, con tu compañero/a, escribe las cosas que se hacen en España estos días y lo que se hace en tu país.

FIESTAS EN HISPANOAMÉRICA

El Día de Muertos

"¡Hola! ¿Qué onda? Me llamo René y soy del D. F. Mi fiesta favorita es el Día de Muertos. El Día de Muertos es un día muy importante en mi país. Se celebra el 2 de noviembre. Es una celebración de origen prehispano. La fiesta recuerda a los muertos. La familia se reúne y se disfraza, prepara un altar con fotografías de antepasados, visita los cementerios y toma comida especial, ¡como las calaveritas de azúcar!

Este día también se celebra en otras partes de América Latina como Guatemala, Venezuela, Perú y Nicaragua. Y en tu caso, ¿cuál es tu celebración favorita?".

La Quinceañera

La Quinceañera es un evento importante en México. En el resto de América Latina también se celebra: en algunos países, como Argentina, se llama la *Fiesta de Quince*.

Se celebra cuando una joven cumple quince años. Es una fiesta enorme: las familias ahorran dinero durante muchos años.

Las cosas más importantes en una fiesta de Quinceañera son: la familia, el vestido, la misa y el pastel.

Según la tradición, solo las chicas celebran la Quinceañera. Pero hoy en día, muchos chicos tienen una fiesta especial cuando cumplen quince años... ¡con muchos regalos especiales!

Marina, en su Quinceañera.

3 Selecciona las respuestas correctas.

1 El Día de Muertos...
 a recuerda a los muertos.
 b felicita a los muertos y a los abuelos.
 c celebra el "cumpleaños" de los muertos.

2 La Quinceañera se celebra...
 a en México.
 b en varios países hispanoamericanos.
 c en España y México.

4 Completa las frases con las palabras del recuadro.

> calaveritas de azúcar ▪ familias ▪ Argentina
> cumpleaños ▪ altar

a En el Día de Muertos los mexicanos preparan un ....

b Durante esta celebración, las familias comen ....

c La Quinceañera es un fiesta de ....

d La Fiesta de Quince se celebra en ....

e Los domingos, las .... se reúnen en el bosque Chapultepec.

VIAJE | EL BOSQUE CHAPULTEPEC

El bosque Chapultepec es un parque muy grande. Está en México D. F. En él hay muchas fuentes, árboles y lagos. Muchas familias visitan el parque los domingos. Allí comen, pasean, practican deporte o hablan. "¡Me fascina el parque. Mi actividad favorita es ir allí con mi familia", dice Marina, una chica de 15 años que vive en la capital.

Un domingo en el bosque Chapultepec.

Cuaderno de ejercicios p. 38   Actividades interactivas

Érase una vez... LITERATURA

cena

1 Completa este árbol genealógico con el vocabulario de la familia que conoces.

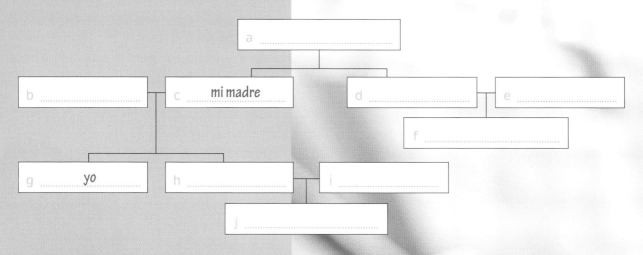

| a .... |
| b .... | c *mi madre* | d .... | e .... |
| f .... |
| g *yo* | h .... | i .... |
| j .... |

39 **2** Lee y escucha.

La cena de Nochebuena

Todos los años el mismo problema. Mi madre no sabe cómo organizar a la familia en la mesa. En total, somos nueve. Siempre es un desastre porque todos somos muy diferentes.

La abuela Julia, muy nerviosa y habladora, lleva siempre una
5 falda y una camisa amarillas. Odia los teléfonos móviles, los vaqueros y el pelo largo en los hombres.

El tío Pepe, con corbata y traje negros, es muy pesimista y habla muy poco. Su mujer, Carmen, siempre habla por el móvil.

La prima Maribel es muy alegre, pero bastante supersticiosa.
10 Es actriz y no soporta el color amarillo. Lleva pantalones y vestidos de colores excepto el amarillo, claro...

Mi hermana Sara es muy tranquila e inteligente, pero un poco tímida, siempre con sus vaqueros viejos y una camiseta donde está escrito: "Prohibido hablar por el móvil, gracias". Óscar, el
15 novio de Sara, lleva el pelo largo y rizado. No habla mucho.

Mi padre es muy hablador, optimista y sociable, pero sus ojos no soportan los colores claros ni los muy oscuros.

La pobre mamá, que es muy buena, no sabe qué hacer ni dónde sentarnos para evitar conflictos.

Nota cultural: En España, el color amarillo da mala suerte entre la gente del teatro. ¿Y en tu país?

3 Completa con tu compañero/a esta tabla con las características de cada miembro de la familia.

- La abuela Julia. ➡ *Es muy habladora...*
- El tío Pepe. ➡
- La tía Carmen. ➡
- La prima Maribel. ➡
- Sara. ➡
- Óscar. ➡
- Papá. ➡
- Mamá. ➡

4 Subraya en el texto todas las palabras que indican descripción y clasifícalas en descripción física o de carácter.

Descripción física	Descripción de carácter

5 Para describir se usan generalmente tres verbos: *ser*, *tener* y *llevar*. Clasifica las siguientes palabras con su verbo correspondiente. ¡Atención! Algunas pueden usarse con *tener* y *llevar*.

pelo largo ▪ camisa ▪ ojos marrones ▪ delgado ▪ nervioso ▪ vaqueros ▪ pesimista ▪ jersey ▪ alegre ▪ piernas largas ▪ tímida ▪ camiseta ▪ sociable ▪ pelo rizado

Ser	Tener	Llevar

6 Con tu compañero/a, organiza la mesa de la cena de Nochebuena de esta familia.

1 _____   2 _____   3 _____

9 _____   4 _____

8 _____   7 _____   6 _____   5 _____

7 Cuenta al resto de la clase cómo es la Navidad en tu casa.

Actividades interactivas ⚙

Prueba de comprensión de lectura

1 David escribe a su amiga Marie un correo electrónico para contarle cómo es su nueva amiga. Lee el texto y elige la respuesta correcta.

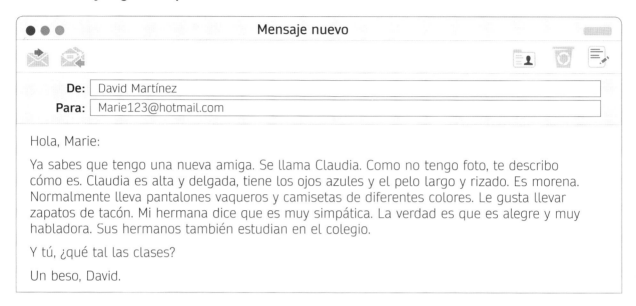

Mensaje nuevo

De: David Martínez

Para: Marie123@hotmail.com

Hola, Marie:

Ya sabes que tengo una nueva amiga. Se llama Claudia. Como no tengo foto, te describo cómo es. Claudia es alta y delgada, tiene los ojos azules y el pelo largo y rizado. Es morena. Normalmente lleva pantalones vaqueros y camisetas de diferentes colores. Le gusta llevar zapatos de tacón. Mi hermana dice que es muy simpática. La verdad es que es alegre y muy habladora. Sus hermanos también estudian en el colegio.

Y tú, ¿qué tal las clases?

Un beso, David.

1 David escribe un correo sobre...

a su nueva amiga.

b la amiga nueva de su hermana.

c su nuevo amigo de colegio.

d su nuevo amigo.

2 Claudia es...

a alta y guapa.

b baja y delgada.

c alta y delgada.

d baja y guapa.

3 Claudia tiene el pelo...

a rubio y largo.

b moreno y rizado.

c moreno y corto.

d rubio y corto.

4 Claudia tiene...

a una hermana.

b dos hermanos.

c hermanos.

d un hermano.

5 Claudia lleva...

a vestido y zapatos de tacón.

b falda y zapatillas deportivas.

c pantalón y camisa.

d pantalón y camiseta.

6 Claudia es...

a triste, habladora y simpática.

b simpática, alegre y habladora.

c simpática, inteligente y alegre.

d habladora, amable y simpática.

Prueba de expresión e interacción escritas

2 Observa las fotos. Elige a uno de los personajes e imagina que es un miembro de tu familia. Escribe una descripción: quién es, su aspecto físico y su carácter, la ropa que lleva...

 ¡**Me lo sé**!

1 Completa el siguiente texto con las siguientes palabras.

/14

> hablador ▪ alegre ▪ liso ▪ guapa ▪ pequeña ▪ divertida ▪ azules ▪ rubio
> grande ▪ simpáticos ▪ grandes ▪ castaño ▪ largo ▪ maleducado

Mi amiga María es muy a .... Lleva el pelo b .... y c .... de color d .... Lleva gafas. Tiene la nariz e .... y los ojos f .... y g .... Su hermano no se parece a ella porque es h ...., tiene la nariz i ...., los ojos oscuros y no lleva gafas. Los dos son muy j .... María es muy k .... y l .... pero también es tímida. Su hermano es abierto y muy m .... A veces es un poco irresponsable y n ....

2 Relaciona.

/4

1 Escribes ● ● a Nosotros
2 Vivís ● ● b Vosotros
3 Comemos ● ● c Yo
4 Tengo ● ● d Tú

3 Elige la opción correcta.

/4

a **Esta / Esa / Aquella** camisa de ahí es preciosa.
b **Mi / Nuestros / Mis** amigas son muy divertidas.
c **Este / Ese / Aquel** profesor de allí es francés.
d **Vuestro / Sus / Vuestra** casa está cerca del instituto.

4 Mira las fotos, lee las frases y escribe la palabra correspondiente.

/4

a ¿Esta .... es de lana?
b La .... de tu amiga es de cuadros.
c Esas .... son muy cómodas.
d No tenemos .... para hacer deporte.

5 Esta es la familia de Guillermo. Escribe la relación familiar de cada uno.

/6

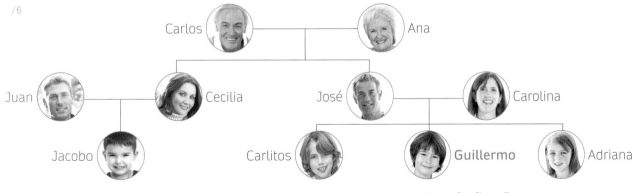

Carlos — Ana
Juan — Cecilia   José — Carolina
Jacobo   Carlitos   Guillermo   Adriana

a Jacobo tiene 3 años. Es su ....
b Carlos y Ana son sus ....
c José y Carolina son sus ....

d Adriana tiene 9 años. Es su ....
e La madre de Jacobo es su ....
f Juan es su ....

Ahora soy capaz de...

a ...describir mi aspecto físico y mi carácter.   Sí   No
b ...hablar sobre mi familia.   Sí   No
c ...describir la ropa que llevo.   Sí   No

Sigue practicando con...

Actividades interactivas ⊕

Unidad **4**

¡TODOS LOS DÍAS LO MISMO!

💬 **Comunicación**
- Hablar de acciones habituales
- Preguntar y decir la hora

ᵃᵇ꜀ **Vocabulario**
- Los días de la semana
- Las profesiones

🔍 **Gramática**
- Verbos irregulares en presente de indicativo
- Verbos reflexivos

🎤 **Pronunciación y ortografía**
- La pronunciación de *b* y *v*

🎬 **Sesión de cine**
- *Mi día a día*

📍 **Cultura**
- El sistema educativo español

✒ **Literatura**

- *Un día cualquiera*, de Darío Gómez
- *El día a día de los españoles*

 ¿Qué ves?

1 **Contesta a las siguientes preguntas.**

a ¿Quiénes son estas personas? Preséntalas con detalle.

b ¿Dónde crees que están?

c ¿Cómo son? Descríbelos.

2 **Contesta verdadero (V) o falso (F) según las imágenes.**

a Una chica lleva una chaqueta y tiene el pelo largo y castaño.   (V) (F)

b Todos tienen cuadernos.   (V) (F)

c Solo un chico es alto y moreno.   (V) (F)

d Un chico tiene el pelo largo y rubio y una chica tiene el pelo pelirrojo.   (V) (F)

Comenzamos con un diálogo

3 Escucha el diálogo y escribe a quién corresponden las informaciones de abajo.

Daniel: ¿Qué os parece si hacemos un poco de deporte?

Lucía: Yo tengo mucho sueño. Me levanto todos los días a las siete de la mañana.

Andrés: Yo no puedo ir. Los miércoles salgo a cenar con mis padres y me acuesto muy tarde.

Candela: ¿Y a qué hora estudias?

Andrés: Por las mañanas, me visto muy rápido y estudio un poco.

Daniel: Yo, en cambio, me despierto a las nueve y llego siempre tarde al instituto.

Lucía: Chicos... Parecemos cuatro abuelos. Mi padre, que es médico, trabaja todo el día y siempre hace alguna actividad con nosotros.

Candela: Es verdad. Mi madre es profesora y siempre hace mucho deporte.

Daniel: Entonces... ¿por qué no quedamos mañana?

Lucía: Perfecto. ¿Quedamos a las cuatro?

Daniel: Vale. ¿Dónde quedamos?

Candela: Podemos quedar en la puerta del instituto.

Andrés: Estupendo. Entonces... quedamos a las 4 en la puerta del instituto.

a Es médico. ➡ *El padre de Lucía.*

b Se despierta siempre muy temprano. ➡ ....

c Sale a cenar con sus padres todos los miércoles. ➡ ....

d Estudia por la mañana. ➡ ....

e Es profesora. ➡ ....

f Llega tarde al instituto. ➡ ....

4 Escucha otra vez y repite.

5 Relaciona.

a ⬭ Se levanta a las ocho y diez.

b ⬭ Estudia en el instituto hasta las dos.

c ⬭ Come a las dos y media de la tarde.

d ⬭ Hace deporte a las cinco.

e ⬭ Ve la televisión a las ocho.

f ⬭ Se acuesta a las diez y media.

6 Escribe lo que hacen al lado de estas horas.

a `20:00` ➡ ....

b `08:10` ➡ ....

c `17:00` ➡ ....

d `14:30` ➡ ....

e `14:00` ➡ ....

f `22:30` ➡ ....

Actividades interactivas

COMUNICACIÓN

HABLAR DE ACCIONES HABITUALES

Todos los días +
— desayuno.
— como en casa.

— me levanto a las ocho.
— ceno con mis padres.

Por la mañana +
— estudio en el instituto.
— desayuno en casa.

— me ducho antes de desayunar.
— hago la cama.

Por la tarde +
— hago deporte.
— hago los deberes.

Por la noche +
— ceno.
— me acuesto tarde.

> **!** La preposición **por** se utiliza para indicar un tiempo aproximado.

1 Relaciona las imágenes con lo que hace Candela cada día.

> **a** Cena con sus padres. **c** Hace los deberes. **e** Se viste.
> **b** Se levanta pronto. **d** Se acuesta a las 22:00. **f** Estudia en el instituto.

1

2

3

4

5

6

2 Contesta a estas preguntas. Después, habla con tu compañero/a y pregúntale.

a ¿Haces los deberes todos los días? ➡ ....

b ¿Dónde estudias: en casa, en la biblioteca...? ➡ ....

c ¿Dónde comes: en casa, en el instituto...? ➡ ....

d ¿Con quién cenas: con tus padres, con tus amigos...? ➡ ....

Cuaderno de ejercicios p. 40 y 41

PREGUNTAR Y DECIR LA HORA

▶ ¿Qué hora es?
▷ Son...

– las dos **y** cinco.

– las tres **menos** veinticinco.

– las tres **(en punto)**.

– las dos **y cuarto**.

– las tres **menos cuarto**.

– las dos **y media**.

– las tres **menos** cinco.

> ❗ Para preguntar por el momento de la acción:
> ▶ **¿A qué hora** te levantas?
> ▷ **A las** ocho.
>
> ▶ **¿A qué hora** quedamos?
> ▷ **A las** cinco y media.

3 **Escribe la hora debajo de estos relojes.**

a ....
....

b ....
....

c ....
....

d ....
....

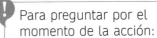 **4** **Escucha y completa los siguientes diálogos.**

 **a**

Sara: ¿A qué .... te levantas?
Javier: Me levanto a las siete y ....
Sara: Es muy pronto, ¿no?

b

Jesús: ¿Quieres ir al cine *Patio* esta ....?
Marta: Sí, genial. ¿A qué hora quedamos?
Jorge: Quedamos a las ocho y ....
en la puerta del cine.

 **c**

Cristina: ¿A qué hora quedamos?
Begoña: A .... una .... veinte.
Cristina: Vale.

5 **Escribe un diálogo como los del ejercicio 4 con tu compañero/a y represéntalo. ¡Atención! Tenéis que quedar para ir a un concierto.**

Cuaderno de ejercicios p. 42 y 43  Actividades interactivas

Los días de la semana

43 **1** Escucha y repite.

LUNES

MARTES

MIÉRCOLES

JUEVES

VIERNES

SÁBADO

DOMINGO

2 Completa con el plural de los días de la semana.

a El lunes ➡ *los lunes*

b El martes ➡ ....

c El miércoles ➡ ....

d El jueves ➡ ....

e El viernes ➡ ....

f El sábado ➡ *los sábados*

g El domingo ➡ ....

> **!** *El* martes voy al cine. ➡ *Este* martes voy al cine.
> *Los martes* hago deporte. ➡ *Todos los* martes hago deporte.

3 Lee el diálogo y completa la agenda de Olga con las actividades que hace.

1 Olga, ¿cuándo estudias español?

2 Los martes y los jueves por la mañana.

3 ¿Cuándo sales con tus amigos?

4 Normalmente los sábados por la tarde.

5 ¿Cuándo navegas por internet?

6 Por la tarde, todos los días.

7 ¿Cuándo haces deporte?

8 Por la tarde, los lunes y miércoles antes de conectarme a internet.

	L	M	X	J	V	S	D
09:00 14:00							
15:00 20:00							

4 Y tú, ¿cuándo haces estas cosas? Cuéntaselo a tu compañero/a.

a ¿Cuándo estudias español?

b ¿Cuándo navegas por internet?

c ¿Cuándo sales con tus amigos?

d ¿Cuándo haces deporte?

Cuaderno de ejercicios p. 44 y 45

Las profesiones

5 Escucha y completa el nombre de estas profesiones.

P ....

M ....

E ....

B ....

V ....

C ....

6 Relaciona las columnas para hacer frases.

Profesiones	Lugar de trabajo	Actividad
▶ ¿A qué te dedicas?	▶ ¿Dónde trabajas?	▶ ¿Qué tienes que hacer?
◁ Soy...	◁ Trabajo en...	◁ Tengo que...

Profesiones	Lugar de trabajo	Actividad
1 bombero/a.	a la calle.	• hacer películas.
2 médico/a.	b el coche.	• llevar las cartas.
3 cartero/a.	c el hotel.	• poner cafés, refrescos...
4 camarero/a.	d la cocina.	• llevar a la gente de un lugar a otro.
5 taxista.	e el hospital.	• coger el teléfono, atender a los clientes...
6 cocinero/a.	f la clínica veterinaria.	• hacer programas en el ordenador.
7 veterinario/a.	g el parque de bomberos.	• curar a los animales.
8 actor/actriz.	h el teatro, en el cine...	• curar a los enfermos.
9 recepcionista.	i la oficina.	• apagar fuegos.
10 informático/a.	j el bar/restaurante.	• preparar comidas.

7 Vamos a jugar. Representa con mímica una profesión. Tu compañero/a tiene que adivinarla.

Cuaderno de ejercicios p. 45   Actividades interactivas

Paso a paso

GRAMÁTICA

VERBOS IRREGULARES EN PRESENTE DE INDICATIVO

¿A qué hora empieza la peli?

- Verbos con irregularidad vocálica

e → ie	o → ue	e → i
empezar	**volver**	**pedir**
empiezo	vuelvo	pido
empiezas	vuelves	pides
empieza	vuelve	pide
empezamos	volvemos	pedimos
empezáis	volvéis	pedís
empiezan	vuelven	piden

Otros verbos con esta irregularidad:
cerrar, entender, preferir

Otros verbos con esta irregularidad:
dormir, encontrar, contar

Otros verbos con esta irregularidad:
servir, seguir, repetir

- Verbos con irregularidad en la 1.ª persona (en *–go*):

Hacer: **ha**g**o** – haces – hace – hacemos – hacéis – hacen
Salir: **sal**g**o** – sales – sale – salimos – salís – salen

Algunos de estos verbos tienen también una irregularidad vocálica:
Venir: **ven**g**o** – v**i**enes – v**i**ene – venimos – venís – v**i**enen

Ver **Apéndice gramatical** p. 121 👁   Videogramas ▶

1 Subraya el verbo correcto.

a La tienda **cierra** / **cerra** a las ocho.
b Nosotros **cierramos** / **cerramos** a las diez.
c Todos los días Juan se **pede** / **pide** un café.
d Ellos **dormen** / **duermen** ocho horas cada día.
e **Hago** / **Haco** los deberes por la tarde.
f **Salo** / **Salgo** con mis amigos los sábados por la tarde.
g Pedro **viene** / **vene** todas las tardes a mi casa.
h Los niños **jugan** / **juegan** con los globos.

2 Conjuga estos verbos.

Pensar ➡ .... / .... / .... / .... / .... / ....
Tener ➡ .... / .... / .... / .... / .... / ....
Cerrar ➡ .... / .... / .... / .... / .... / ....

3 Completa conjugando los verbos entre paréntesis.

a Charo .... (dormir) ocho horas todos los días.
b (Hacer, yo) .... los deberes por la tarde.
c Las clases en el instituto .... (empezar) a las ocho.
d Mis amigos y yo .... (salir) los viernes por la noche.
e Mi padre .... (volver) a casa a las ocho y media.

Cuaderno de ejercicios p. 46 y 47

VERBOS REFLEXIVOS

	Levantarse
yo	**me** levant**o**
tú	**te** levant**as**
él/ella/usted	**se** levant**a**
nosotros/as	**nos** levant**amos**
vosotros/as	**os** levant**áis**
ellos/ellas/ustedes	**se** levant**an**

> ■ Los verbos reflexivos también pueden tener una irregularidad vocálica:
> – **ve**stirse (irregularidad vocálica *e>i*);
> – a**co**starse (irregularidad vocálica *o>ue*).

Videogramas ▶

4 **Completa las preguntas.**

a ¿A qué hora .... despertáis?

b ¿A qué hora .... levantas?

c ¿A qué hora .... acostamos?

d ¿A qué hora .... ducha tu hermana?

5 **Ahora contesta a las preguntas del ejercicio anterior.**

a María y tú / despertarse / a las 8:30.

....

b Yo / levantarse / a las 8:00.

....

c Nosotros / acostarse / a las 22:30.

....

d Mi hermana / ducharse / a las 7:30.

....

6 **Completa el texto conjugando los verbos representados en los dibujos.**

Todos los días, yo a .... pronto, a las ocho. Desayuno y
b .... Después del instituto, c .... Por la
tarde, hago deporte con mis amigos y después mis deberes. A las diez y media
d ...., pero siempre e .... un poco antes de dormirme.

7 **Escribe un verbo y una persona en cada casilla (A). Tu compañero/a tiene que conjugarlos en presente (B).**

Alumno A
Acostarse, ellos

Alumno B
Se acuestan

PRONUNCIACIÓN Y ORTOGRAFÍA

La pronunciación de *b* y *v*

45 **1** **Escucha las siguientes palabras y repite.**

> **Ba**rcelona ■ sa**be**r ■ **bi**blioteca ■ **bo**lígrafo ■ **bu**eno
> **Va**lencia ■ **ve**inte ■ **vi**vir ■ **vo**sotros ■ **vu**estro

 En español las letras *b* y *v* tienen el mismo sonido [b].

Se usa la letra *b*

■ Con los verbos *deber*, *beber*, *saber*, *haber*, *escribir*.

■ Cuando el sonido está delante de una consonante: *blusa*.

■ Después de *m*: *cambiar*.

■ Con las palabras que empiezan por *biblio–*, *bio–*, *bien–*, *bene–*, *bu–* y *bi–*.

Se usa la letra *v*

■ Con el verbo *volver*.

■ Después de *ab–*, *ob–* y *sub–*.

■ Con las palabras que empiezan por *eva–*, *eve–*, *evi–* y *evo–*.

■ Con los adjetivos que terminan en *–avo/a*, *–evo/a* e *–ivo/a*.

2 **Completa con *b* o *v*.**

a ....urro

b ob.......io

c e.......aluación

d escri........es

e vol........emos

f ....iblioteca

g ....ebida

h ha.......lar

i ....ueno

46 **3** **Dictado.**

1	4 ....
2	5 ....
3	6 ....

4 **Fíjate en las actividades que hace Daniel después de salir del instituto. Completa con *b* o *v*.**

L	M	X	J	V
Ir a clases de ...aile	Estudiar en la ...iblioteca	Partido de ...aloncesto	Ir al cine con Ja....ier	Jugar al fút....ol
...er mi serie de tele....isión favorita		Escri....ir un correo a Tomás		Na....egar por internet

 En el calendario español la abreviatura de miércoles es **X** para no confundirla con la del martes (M).

Cuaderno de ejercicios p. 49 ■ Actividades interactivas ⚙

Sesión de cine VÍDEO

MI DÍA A DÍA

SINOPSIS

Es viernes y Rigo, María y Alejandro están hablando en el parque. Hablan sobre su fin de semana. De repente, llama Ana, que está estudiando en Londres. ¿Cómo es su día a día en este país?

---

1 **¿Cuándo haces las siguientes actividades? ¿Durante la semana o los fines de semana? Escribe las actividades en su lugar correspondiente.**

> hago los deberes ▪ ceno con mi familia ▪ descanso
> me acuesto tarde ▪ hago deporte ▪ veo una película

Entre semana	El fin de semana

2 **En parejas, responded a las siguientes preguntas.**

a ¿Hablas con tus amigos por teléfono o prefieres mandar mensajes?

b ¿De qué hablas con tus amigos por teléfono? ¿Habláis de la escuela? ¿De otros amigos? ¿De planes para salir?

3 **¿Qué está pasando en las imágenes? Contesta a las preguntas según tus hipótesis.**

a ¿Crees que es el fin de semana o entre semana? ¿Por qué? ¿Dónde están los chicos? ¿Qué hacen?

b ¿Está Ana con ellos? ¿En qué ciudad crees que está Ana?

c ¿Con quién crees que habla?

4 **Observa el vídeo y haz las actividades que te va a repartir tu profesor/a.**

Secuencia de vídeo   Actividades interactivas

Mundo hispano

Cultura

EL SISTEMA EDUCATIVO ESPAÑOL

Estudiantes españoles

Me llamo Nélida, tengo 12 años y estudio 1.º de la ESO, así se llama la Educación Secundaria Obligatoria en mi país. Tengo un poco de miedo, porque estoy en el instituto y es mi primer año aquí. A muchos de mis compañeros los conozco desde Primaria, especialmente a mi amiga Sofía. ¿Sabéis qué es la Educación Primaria? Se hace en el colegio, donde estás desde los 6 hasta los 11 años.

Yo soy Adrián, el hermano de Nélida. Tengo 15 años y estudio 4.º de la ESO. Es el último curso y es muy difícil, pero mis notas son buenas, estudio todas las tardes un rato.

1 Completa con tu compañero/a esta tabla con las características del sistema educativo español.

0-6 AÑOS

1.º Ciclo	0-3 años
2.º Ciclo	3-6 años
Educación infantil	

6-12 AÑOS

1.º 2.º
3.º 4.º
5.º 6.º
Educación

12-16 AÑOS

1.º 2.º
3.º 4.º
Educación
Título de Graduado en Educación Secundaria

2 Compara el sistema educativo español con el de tu país. ¿Cuáles son las similitudes y diferencias?

3 Elabora tu horario semanal. Luego, preséntalo a la clase.

Curso: ....

Horas	Lunes	Martes	Miércoles	Jueves	Viernes
		Recreo			

4 Lee el texto y relaciona las imágenes con las acciones destacadas.

El día a día

Los horarios en España son un poco diferentes al resto del mundo porque casi todo se hace más tarde.

Los españoles desayunan normalmente a las ocho. Después, los padres van a su trabajo y los hijos al instituto.

Las comidas son entre las dos y las tres, y en el trabajo tienen una hora para comer.

A veces, la gente (a) duerme la siesta. La siesta siempre es después de comer y, especialmente, durante los fines de semana porque hay más tiempo.

Los jóvenes van al instituto generalmente de 8:30h a 14:30h, por lo que llegan a casa bastante tarde para comer. Por la tarde estudian, hacen deporte y muchos van a actividades extraescolares para aprender otro idioma o a (b) tocar un instrumento musical.

La cena es entre las nueve y diez de la noche y es cuando está toda la familia reunida. La gente charla, ve un poco la televisión y se va a dormir a las once.

Es una costumbre también ir al bar con los compañeros de trabajo y los más jóvenes (c) se reúnen en las plazas o parques para charlar.

La gente está mucho en la calle (d) paseando, o (e) va a cafeterías y terrazas; siempre hay mucho ruido y grupos de gente que se ríe o charla hasta muy tarde por la noche.

La gente (f) va de tiendas hasta tarde ya que algunas tiendas están abiertas hasta las nueve y media o diez de la noche. Hay muchos bares y restaurantes con amplios horarios y muchas ofertas de ocio.

5 Contesta *sí* o *no* según el texto.

a En España se desayuna muy pronto. Sí No

b La gente come tarde. Sí No

c Los jóvenes nunca duermen la siesta. Sí No

d Todos los jóvenes hacen actividades extraescolares. Sí No

e Siempre hay mucha gente en la calle paseando o charlando. Sí No

6 Ahora, con tu compañero/a, escribe las cosas que se hacen en España de lunes a viernes y los fines de semana.

✈ VIAJES | COSTA RICA: ¡PURA VIDA!

Mi nombre es Ana y soy de Costa Rica. Es el país más feliz del mundo, según el *Happy Planet Index*, porque la gente está contenta, vive una larga vida y respeta la naturaleza. Aquí tenemos una frase típica: "pura vida". Significa que es importante disfrutar cada día. Normalmente, me levanto temprano y desayuno un café. Después, voy a la escuela. Las clases son interesantes y me gusta charlar con mis amigos. Por la tarde, voy a la playa y hago surf. Dos veces por semana voy a un santuario de animales, donde soy voluntaria. Vivir en Costa Rica es increíble. ¡Pura vida!

Érase una vez... LITERATURA

1 **¿Cómo es un día cualquiera en tu vida? ¿Qué haces los fines de semana? Habla con tu compañero/a.**

2 **Las siguientes palabras aparecen en el fragmento de la obra _Un día cualquiera,_ del autor Darío Gómez Escudero. Relaciona las palabras con su significado.**

1 Metro.
2 Tebeo.
3 Estanterías.
4 Repartidores.
5 Abono transporte.
6 Escaleras.
7 Torniquete.
8 Andén.
9 Frenar en seco.

- a Lugar donde se espera la llegada del tren o del metro.
- b Mueble para colocar libros u otros objetos.
- c Billete que permite usar el metro o el bus durante un determinado número de veces.
- d Serie de escalones para subir o bajar a un lugar.
- e Aparato que se usa en la entrada a un lugar y solo deja pasar a las personas de una en una.
- f Tren que va por debajo del suelo.
- g Persona que se ocupa de entregar un producto a varias personas.
- h Reducir la velocidad de forma repentina.
- i Revista para niños. También se llama cómic.

3 **Lee y escucha este fragmento literario.**

Un día cualquiera

Voy en dirección a la calle Nowy Świat y giro a la derecha. De camino al metro quiero pasarme por la librería de la esquina para comprarle un tebeo a Adam y una revista en inglés para mí. En esa tienda venden todo tipo de revistas especializadas. Me recuerda un poco al FNAC porque la
5 gente coge de las estanterías lo que quiere y lo lee con toda tranquilidad. Con cierta frecuencia voy a la estantería donde están los periódicos internacionales y echo un vistazo a _El País_, el único periódico español que he visto a la venta por aquí. En este tipo de tiendas es fácil escuchar a gente hablando en inglés, francés, español y otros muchos idiomas.

10 Una vez comprado el tebeo y mi revista sigo mi camino al metro. Justo en la entrada veo a los mismos repartidores de publicidad de antes. Saco mi abono transporte del bolsillo y lo acerco al torniquete de la entrada. Se abre a mi paso y bajo las escaleras con cierta rapidez. He notado que cuando no hay nadie subiendo las escaleras eso significa que el metro está a punto de llegar.

Oigo el sonido de un metro que se acerca al andén y me pongo a bajar las escaleras más deprisa.
15 Llego al andén pero una voz masculina me frena en seco.

—¡Billete, por favor!

(Darío Gómez, _Un día cualquiera_, Edit. Aebius)

4 **Lee ahora este relato y relaciona las imágenes con las acciones.**

El día a día de los españoles

Mis padres siempre dicen que los horarios en España son diferentes al resto del mundo y que todo se hace más tarde.

Durante la semana no desayunamos mucho, solo café con leche y unas galletas, y salimos corriendo, mis padres al trabajo y yo al instituto. Comemos normalmente de
5 dos a tres: papá un menú del día en un restaurante cerca de la oficina, mamá en la cafetería de la empresa y yo en la escuela. No dormimos la siesta, porque también hacemos cosas por la tarde: ellos trabajan y yo voy a clases de guitarra. Solo la hacemos el fin de semana o en vacaciones. La cena en mi familia es a las diez de la noche. Nos acostamos tarde, a las doce o a la una.

10 Los fines de semana son más relajados. El sábado por la mañana hacemos la compra y limpiamos la casa; por la tarde quedamos con amigos, cenamos fuera o tomamos algo en una terraza. Los domingos nos levantamos mucho más tarde, desayunamos chocolate con churros o tostadas con mantequilla y mermelada.

Visitamos a la familia y comemos juntos. Ese día mis padres preparan una buena
15 comida: paella, un asado, potaje... Por la tarde, paseamos por el parque o vemos una película en el cine comiendo palomitas. Y descansamos para empezar la semana con energía. Este es el día a día de mi familia. ¿Y el de la tuya?

5 **Escribe un texto sobre los hábitos en tu país.**

El sábado por la mañana...

....

....

Por la tarde...

....

....

El domingo por la mañana...

....

....

Por la noche...

....

....

a ◯ visitar a la familia

b ◯ ir a una terraza

c ◯ limpiar la casa

d ◯ hacer la compra

e ◯ paella

f ◯ palomitas

g ◯ chocolate con churros

h ◯ tostada con mantequilla y mermelada

6 **Contesta *sí* o *no* según el texto.**

a En España se desayuna muy fuerte.   Sí   No

b Durante la semana comemos en casa.   Sí   No

c El fin de semana limpiamos la casa y hacemos la compra.   Sí   No

d Los domingos vemos a la familia.   Sí   No

e Nos acostamos muy temprano todos los días.   Sí   No

Actividades interactivas ⚙

Me preparo para el DELE

Prueba de comprensión auditiva

 1 **Escucha y marca la opción correcta.**

1 ....

   a Juan se levanta todos los días a las 7.
   b Juan se levanta todos los días a las 8.
   c Juan se levanta todos los días a las 9.

2 ....

   a Mi madre lleva unos zapatos rojos.
   b Mi hermana lleva unos zapatos rosas.
   c Mi hermana lleva unos zapatos rojos.

3 ....

   a Estudian español por la mañana.
   b Estudian inglés por la mañana en el colegio.
   c Estudian inglés por la mañana en el instituto.

4 ....

   a El profesor quiere quedar con sus amigos el lunes.
   b El profesor quiere quedar con sus estudiantes el martes.
   c El profesor quiere quedar el domingo por la tarde con sus estudiantes.

 2 **Escucha dos veces la audición y responde verdadero (V) o falso (F).**

   a Sara se despierta los sábados y los domingos a las siete y media de la mañana.   (V) (F)

   b Sara prepara el desayuno; normalmente cereales con leche y una manzana.   (V) (F)

   c Estudia español los martes, jueves y viernes.   (V) (F)

   d El profesor de Sara se llama Pablo y es argentino.   (V) (F)

   e Sara tiene cuatro amigos y queda con ellos después de las clases.   (V) (F)

   f Su amiga más divertida se llama Carmen.   (V) (F)

Prueba de expresión e interacción escritas

3 **Escribe un correo electrónico a tu amigo/a contándole:**

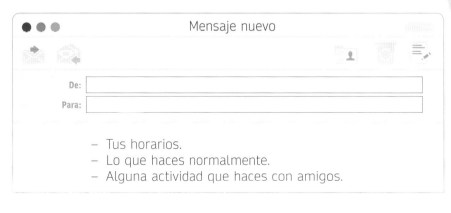

Mensaje nuevo

De:
Para:

   – Tus horarios.
   – Lo que haces normalmente.
   – Alguna actividad que haces con amigos.

Cuaderno de ejercicios p. 50   Actividades interactivas

80 ochenta

1 Mira el reloj y escribe qué hora es.

/6

2 Completa el texto con las siguientes palabras.

/7

> quedo ∎ hasta las dos ∎ una tostada con mermelada y mantequilla ∎
> a las nueve y media ∎ un café con leche ∎ me ducho ∎ me acuesto

Me levanto a las ocho de la mañana todos los días, y a .... antes de ir al insti.
Desayuno b .... Mi hermana solo bebe c .... Tenemos clase
d .... y volvemos a casa para comer. Por la tarde estudio un poco y toco la guitarra.
A veces hablo por teléfono con mi amiga Lucía. Cenamos toda la familia e .... y
después veo un poco la tele en el salón o escucho música en mi dormitorio hasta que viene mi
madre. f .... a las 11:30, porque ya tengo mucho sueño. El sábado por la tarde
g .... con mis amigos y vemos una película en el cine.

3 Completa las frases conjugando los verbos entre paréntesis.

/7

a Los españoles .... (despertarse) muy tarde los domingos.

b Las clases .... (empezar) a las nueve de la mañana.

c Muchos españoles .... (querer) ver una película el fin de semana.

d María .... (dormir) ocho horas diarias.

e Raquel .... (pedir) un café al camarero.

f Tú y yo .... (querer) aprender español.

g ¿Tú .... (poder) hacer una paella?

4 Completa las frases con la forma correcta del verbo.

/4

a (Levantarse, yo) .... a las ocho de la mañana.

b (Vestirse, tú) .... antes de desayunar.

c (Ducharse, ella) .... por las mañanas.

d (Acostarse, ellos) .... muy tarde el sábado.

Ahora soy capaz de...

a ...decir la hora.   Sí   No

b ...hablar sobre mi día a día.   Sí   No

c ...usar el presente de indicativo irregular.   Sí   No

Sigue practicando con...

Actividades interactivas ⏱

1 Observa esta foto y describe a los chicos, su físico y la ropa que llevan.

....
....
....
....
....
....
....
....
....

2 Escucha a Elena que describe a sus amigos e identifica quién es quién.

a Beatriz ➡ ....
b Elena ➡ ....
c Javier ➡ ....
d Julián ➡ ....
e Marta ➡ ....
f Santiago ➡ ....

3 Beatriz cuenta su día normal, pero está muy cansada y tiene errores en los verbos. Subráyalos y corrígelos.

De lunes a viernes <u>te levanto</u> a las 8 porque tengo instituto y empeza a las 9. Te duchas rápido y desayuno leche con cereales, corres al instituto para no llegar tarde. Comes a las dos con mi familia, mi madre es profesora de Matemáticas de Secundaria y llega a casa para comer con mi hermano y conmigo. Mi padre llega más tarde porque es médico y su día es más largo. Por la tarde quedas con Marta y estudian juntas, después hacéis deporte los martes y jueves, los lunes y miércoles toco el piano. Me acosto a las once y lees un poco hasta las doce. ¡El fin de semana es mucho mejor! Quedo con mis amigos y jugamos a la Play o salís y veis una película en el cine.

	Incorrecto		Correcto
a	te levanto	➡	me levanto
b	....	➡	....
c	....	➡	....
d	....	➡	....
e	....	➡	....
f	....	➡	....

	Incorrecto		Correcto
g	....	➡	....
h	....	➡	....
i	....	➡	....
j	....	➡	....
k	....	➡	....
l	....	➡	....

4 **Vuelve a leer el texto y contesta a las preguntas.**

a ¿A qué hora se levanta Beatriz? ....

b ¿Dónde come y con quién? ....

c ¿Qué hace por las tardes de lunes a viernes? ....

d ¿Cuándo queda con sus amigos? ....

e ¿Qué hace antes de dormir? ....

f ¿Cuáles son las profesiones de sus padres? ....

5 **Completa la agenda con tus actividades habituales.**

	L	M	X	J	V	S	D
MAÑANA							
TARDE							

6 **Observa la familia de Beatriz y completa su árbol genealógico con sus nombres.**

1 ☐ Carmen Solís Sevilla
2 ☐ Manuel Sánchez Román
3 ☐ Beatriz Sánchez Coronado
4 ☐ Carlos Sánchez Coronado
5 ☐ Ángeles Román López
6 ☐ Lucía Coronado Solís
7 ☐ Francisco Sánchez Márquez
8 ☐ Alberto Coronado Martín

Unidad 5

¿TE GUSTA?

Comunicación
- Describir el carácter y el estado de ánimo de una persona
- Pedir en un restaurante

 Vocabulario
- Actividades de ocio y tiempo libre
- Los alimentos

 Gramática
- Los pronombres de objeto indirecto + *gustar*, *encantar* y *doler*
- *A mí también, a mí tampoco, a mí sí, a mí no*

Pronunciación y ortografía
- Los sonidos /r/ y /rr/

Sesión de cine
- *Me gusta David*

Cultura
- La comida en España e Hispanoamérica

Literatura
- *Historias del Kronen*, de José Ángel Mañas

¿Qué ves?

1 **Fíjate en la imagen y termina las frases.**

a La imagen representa a unos amigos en el ....
....
b Ellos .... en autobús.
c Los amigos hablan antes de ir a ....
d Los cuatro chicos están en la misma clase de 4.º de la
....

2 **Contesta verdadero (V) o falso (F) según las imágenes.**

a Los chicos empiezan las clases por la mañana. (V) (F)
b De lunes a viernes los chicos quedan en el instituto por la noche. (V) (F)
c El chico de verde escribe en su cuaderno. (V) (F)
d Las chicas hablan y no escuchan a su amigo. (V) (F)
e Todos los chicos llevan mochilas. (V) (F)

Comenzamos con un **diálogo**

3 **Escucha el diálogo y contesta.**

Quique: ¿Qué tal chicos? ¿Qué tal lleváis el examen?

Germán: Yo no muy bien, estoy un poco preocupado.

Carmen: Pero si tú estudias mucho, ¡seguro que te sale bien! ¿A que sí, Noelia?

Noelia: Pues claro. Yo creo que va a ser bastante fácil. Además, esta tarde ya no tenemos que estudiar.

Quique: Es verdad. ¿Qué queréis hacer? ¡Ah!, podemos jugar con la PlayStation.

Germán: Es que estoy cansado de jugar siempre con los videojuegos.

Carmen: Vale, ¿y qué tal si hacemos deporte?

Germán: No sé, es que me duele la pierna por el partido de fútbol del domingo.

Noelia: Podemos ir de tapas. Germán, a ti te encantan las tapas, ¿no?

Germán: Vale, pero no quiero ir a un restaurante con mucha gente, que seguro que tenemos que esperar mucho para sentarnos y estoy de mal humor.

Quique: ¿Qué? ¡Pero si siempre estás contento!

Carmen: Vale, pues más tarde decidimos. Después del examen seguro que estás más contento.

Germán: Es verdad, chicos. ¿Vemos una película? Me gusta la nueva de ciencia ficción.

Quique: A mí también.

Carmen: Sí, de acuerdo.

a ¿Cuántos planes proponen para hacer esta tarde? ➡ ....

b ¿Qué plan deciden hacer finalmente? ➡ ....

c ¿A quién le duele la pierna? ➡ ....

d ¿Por qué Germán no quiere ir de tapas? ➡ ....

e ¿Por qué no quiere jugar con la PlayStation? ➡ ....

4 **Mira las imágenes, lee los textos y relaciona la foto con la información.**

a A María y a Graciela les gusta el campo y montar en bici. Ahora ellas están cansadas.

b A Miguel le encanta chatear con sus amigos de Argentina. Él es muy abierto.

c A Andrés le gusta hacer fotos, también le gustan los perros. Es muy simpático.

d A Paloma le encanta ir de tiendas y comprar zapatos. Ella está muy contenta.

5 **Escribe qué actividades te gusta hacer en tu tiempo libre.**

Actividades interactivas

COMUNICACIÓN

DESCRIBIR EL CARÁCTER Y EL ESTADO DE ÁNIMO DE UNA PERSONA

Ser

Para describir **el carácter** (característica permanente) se usa el verbo **ser**:
– *Nuria es inteligente.*
– *La flor es blanca.*

- ⌣ tranquilo(a) ≠ travieso(a) 😁
- 🙂 simpático(a) ≠ antipático(a) 😒
- 😛 alegre/divertido(a) ≠ aburrido(a) 😔
- 🤓 inteligente ≠ torpe 😕

Ver Hablar por hablar p. 53 👁

Estar

Para describir **el estado de ánimo** de una persona (característica temporal) se usa el verbo **estar**:
– *El chico está nervioso por el exámen.*
– *Hoy el cielo está azul.*

- ⌣ tranquilo(a) ≠ nervioso(a)/preocupado(a) 😰
- 😃 alegre, contento(a) ≠ triste 😢
- 😆 de buen humor ≠ de mal humor 😠
- ⌣ bien, perfecto(a) ≠ cansado(a) 😫
- 😊 vivo(a) ≠ (estar) muerto(a) 😵

Para otros usos de *ser* y *estar*, **Apéndice gramatical** p. 123

52 🎧 **1 Escucha y completa el diálogo.**

Carlos: ¿Qué te pasa, Rafael? Hoy no .... muy ....
Rafael: Bueno, es que .... un poco ....
Carlos: ¿Y eso?
Rafael: Pues... es que no sé qué hacer. No me apetece hacer nada.
Carlos: ¡Pero qué dices! Si tú .... muy .... Venga, vamos a dar una vuelta.
Rafael: Bueno, vale.

2 Escribe un diálogo parecido con el carácter y el estado de ánimo de Bea. Después, represéntalo con tu compañero/a.

Normalmente

tranquila y simpática

Hoy

preocupada

nerviosa y de mal humor

3 Completa con *ser* o *estar*.

Bea .... muy simpática. Cuando estamos juntos, ella .... muy divertida y siempre .... de buen humor. Esta semana .... preocupada porque tiene un examen importante. Cuando la llamo por teléfono, ... nerviosa. Me dice que .... de mal humor. Seguro que después del examen vuelve a su carácter de siempre.

4 Habla con tu compañero/a. Describe el carácter o el estado de ánimo de estos dibujos.

a   **b**   **c**   **d**   **e**   **f**

Cuaderno de ejercicios p. 51

5 Lee el diálogo y completa el cuadro.

Camarero: Hola, buenas tardes.
Cliente 1: Buenas tardes.
Camarero: ¿Qué quieren tomar?
Cliente 1: Yo, un refresco de cola  y un pincho de tortilla .
Cliente 2: Para mí, un refresco de naranja .
Camarero: ¿Quieren algo de comer?
Cliente 1: Sí, yo una tapa de jamón , por favor.
Camarero: ¿Algo más?
Cliente 2: No, nada más, gracias.

***

Cliente 1: ¿Nos trae un poco más de pan, por favor?
Camarero: Tomen, aquí tienen.

***

Cliente 1: La cuenta, por favor.
Camarero: Sí, son 12 euros.

PEDIR EN UN RESTAURANTE

Camarero/a

Pregunta general
-¿Qué quiere/n ....?

Preguntar por la comida y bebida
-¿Qué quiere/n beber?
-¿Quiere/n algo de ....?

Durante la comida
-¿Quiere/n tomar algo más?   -...............................

Cliente/s

Pedir comida y bebida
-...............................   -...............................   -Me pone un/a...

Durante la comida
-...............................   -No, ..., gracias.
-¿........................... un poco más de...?

Para pagar
-..........................., por favor.   -¿Cuánto es?

! En el restaurante se usan las formas *usted* y *ustedes*.

53 **6** Mira el menú y escucha la conversación en el restaurante. Completa la información de la tabla.

	Él	Ella
De primero		
De segundo		
¿Necesita algo?		
De postre		

Menú del día

Primeros
 Ensalada mixta
 Paella
 Sopa del día

Segundos
 Pollo asado
 Filete de ternera con ensalada
 Merluza a la romana

Postres
 Fruta del tiempo
 Helado
 Pan y bebida

(12€)

7 En un restaurante: tú eres el camarero y tu compañero/a es el cliente y pide la comida. El menú os puede ayudar.

 Cuaderno de ejercicios p. 51 y 52   Actividades interactivas

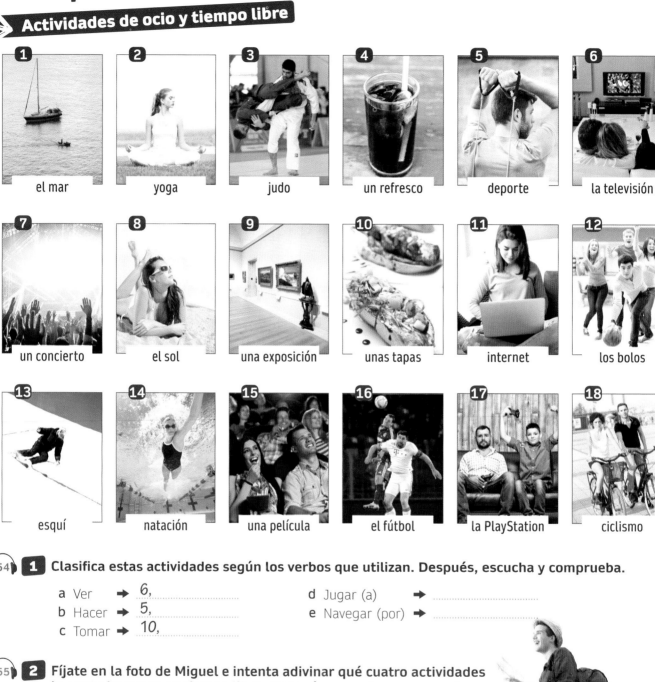

1 el mar

2 yoga

3 judo

4 un refresco

5 deporte

6 la televisión

7 un concierto

8 el sol

9 una exposición

10 unas tapas

11 internet

12 los bolos

13 esquí

14 natación

15 una película

16 el fútbol

17 la PlayStation

18 ciclismo

54 **1** Clasifica estas actividades según los verbos que utilizan. Después, escucha y comprueba.

a Ver ➜ 6,
b Hacer ➜ 5,
c Tomar ➜ 10,

d Jugar (a) ➜
e Navegar (por) ➜

55 **2** Fíjate en la foto de Miguel e intenta adivinar qué cuatro actividades le gusta hacer en su tiempo libre. Después, escucha y comprueba.

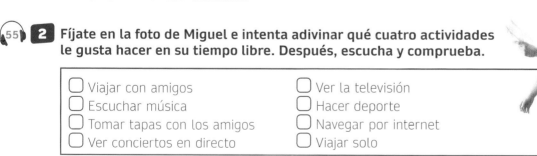

- ☐ Viajar con amigos
- ☐ Escuchar música
- ☐ Tomar tapas con los amigos
- ☐ Ver conciertos en directo
- ☐ Ver la televisión
- ☐ Hacer deporte
- ☐ Navegar por internet
- ☐ Viajar solo

3 ¿Y a ti? ¿Qué te gusta hacer? Escribe del 1 al 6 tus actividades favoritas.

1
2
3

4
5
6

4 Habla con tu compañero/a. ¿Coincidís en las actividades que más os gustan?

Cuaderno de ejercicios p. 52 y 53

Los alimentos

5 **Este es Fernando, un cocinero un poco loco. Con la ayuda de tu profesor/a y el diccionario, coloca el nombre a los alimentos que utiliza.**

A Fernando le gusta cocinar, pero muchas veces hace unas mezclas un poco extrañas. Hoy vienen invitados a su casa y quiere preparar lo siguiente:

Primer plato: tomates con naranjas, pollo y garbanzos.
Segundo plato: carne con mariscos, pimientos y queso.
Postre: zanahorias con leche, cebollas y huevos.

a ....

b ....

c ....

d ....

e ....

f ....

g ....

h ....

i ....

j ....

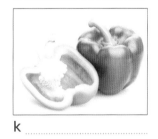
k ....

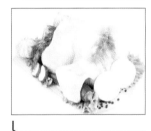
l ....

6 **Otro de los problemas de Fernando es que se alimenta muy mal. Contesta a las preguntas eligiendo las opciones correctas.**

1 ¿Qué comida no le gusta?
  a La hamburguesa con patatas fritas.
  b El helado.
  c La verdura.

2 Cuando le duele la tripa, ¿qué prefiere comer?
  a Pescado con arroz.
  b Un yogur.
  c Una tarta de chocolate.

3 ¿Qué no le gusta comer por la tarde?
  a Palomitas.
  b Pipas.
  c Manzanas.

GRAMÁTICA

LOS PRONOMBRES DE OBJETO INDIRECTO + *GUSTAR, ENCANTAR*

■ En español, algunos de los verbos (como *gustar*, *encantar*, *doler*, *interesar*, *preocupar*, *molestar*...) van siempre acompañados de un pronombre de objeto indirecto dependiendo de la persona.

yo	**me**
tú	**te**
él, ella, usted	**le**
nosotros/as	**nos**
vosotros/as	**os**
ellos, ellas, ustedes	**les**

gustar

gusta ⸢ la paella
        ⸤ cantar

gustan las tapas

! Las formas *a mí*, *a ti*, *a él*... no son obligatorias y se usan para dar énfasis.

Videogramas

1 Completa las frases conjugando los verbos entre paréntesis.

a (A mí, gustar) .... la música.

b (A ti, encantar) .... tocar la guitarra.

c (A nosotros, gustar) .... los deportes.

d (A ellos, encantar) .... montar en bici.

e No (a ella, gustar) .... los animales.

f (A vosotros, encantar) .... leer novelas.

EXPRESAR ACUERDO Y DESACUERDO

Acuerdo

Me gusta(n). | **A mí, también.**

No me gusta(n). | **A mí, tampoco.**

Desacuerdo

Me gusta(n). | **A mí, no.**

No me gusta(n). | **A mí, sí.**

2 Completa los diálogos.

a ▶ ¿Te gusta hacer deporte?
  ▷ Me encanta. ¿Y a ti?
  ▶ A mí ....

b ▶ ¿Te gustan los videojuegos?
  ▷ No. ¿Y a ti?
  ▶ A mí ....

c ▶ ¿Te gusta la música?
  ▷ Sí. ¿Y a ti?
  ▶ A mí ....

3 Escribe cinco cosas que te gustan. Pregunta a tu compañero/a para saber si tenéis los mismos gustos o no.

Cuaderno de ejercicios p. 54 a 58

EL VERBO *DOLER*

■ El verbo **doler** funciona igual que el verbo *gustar*:
– A mí me **duele** la cabeza.
– A María le **duelen** los pies.

 Para expresar dolor también se puede decir **tengo dolor de...**
– **Tengo dolor de** cabeza.

Videogramas ▶

4 **Mira en la foto cómo se dicen en español las partes del cuerpo y completa con el verbo *doler*.**

a (A mí) *Me duele la cabeza.*

b (A vosotros) ....

....

c (A ti) ....

....

d (A él) ....

....

e (A ellos) ....

....

a (la) cabeza
e (el) brazo
(el) pecho
(el) cuello
b (la) tripa
(la) espalda
(la) mano
(el) dedo
(la) pierna
c (la) rodilla
d (los) pies

5 **En el médico. Mira cómo se dice en español y relaciona.**

1 Tiene fiebre. 2 Está mareado. 3 Está cansado. 4 Tiene tos. 5 Tiene gripe.

a Le duele la cabeza y tiene 39°C.
b Le duele el pecho porque fuma mucho.
c Tiene dolor de cabeza y todo gira.
d Le duelen las piernas y no puede más.
e Le duele todo el cuerpo y toma una aspirina.

6 **En el médico. Mira cómo se dice en español y relaciona.**

a ▶ ¿A tu padre le duele la espalda?
▷ Sí. ¿Y a tu padre?
▶ A mi padre ....

 SÍ

b ▶ ¿Te duelen los ojos?
▷ No. ¿Y a ti?
▶ A mí ....

 NO

Cuaderno de ejercicios p. 58 y 59    Actividades interactivas

 Suena bien

PRONUNCIACIÓN Y ORTOGRAFÍA

Los sonidos /r/ y /rr/

Sonido /r/

a vocal + **r** + vocal: *marino, ahora, cara*...

b final de sílaba o palabra: *ver, mar, arte*...

c después de consonante diferente a **n**, **l**, **s**: *brazo, prado*...

Sonido /rr/

a vocal + **rr** + vocal: *carrete, marrón*...

b inicio de palabra: **r**ecto, **r**osa...

c después de consonante **n**, **l**, **s**: *al**r**ededor, En**r**ique*...

 1 **Escucha las siguientes palabras y ponlas en la columna correspondiente según su pronunciación.**

Sonido /r/   Sonido /rr/

 2 **Escribe con *r* o *rr* según el sonido que oigas.**

a c......imen

b ca......tero

c ......emoto

d te......emoto

e te......ible

f F......ancisco

g a......tificial

h enfe......mera

i a......iba

j ......eloj

 **3** **Dictado.**

1 ....

2 ....

3 ....

4 ....

5 ....

4 **Trabalenguas.**

a

R con R guitarra,
R con R barril,
rueda que rueda
la rueda
del ferrocarril.

b

Había un perro
debajo de un carro,
vino otro perro
y le mordió el rabo.
Corre, corre por la calle arriba,
corre, corre por la calle abajo.

Sesión de cine. VÍDEO

Me gusta David

SINOPSIS

María, Alejandro, Rigo y Ana deciden salir juntos y quedar para almorzar. Hablan sobre su amigo David. ¿Qué opinan de este chico?

---

1 Pon las escenas en un orden lógico. Después, responde a las preguntas. Haz hipótesis sobre lo que tú piensas que va a ocurrir.

a ¿Dónde crees que van?

b ¿Dónde están?

c ¿Qué crees que comen?

d ¿De qué crees que hablan?

---

2 Observa el vídeo y haz las actividades que te va a repartir tu profesor/a.

Secuencia de vídeo ▶   Actividades interactivas ⟳

LA COMIDA EN ESPAÑA E HISPANOAMÉRICA

Platos típicos

Los españoles comen mucho y muy variado. En su dieta no falta ningún tipo de alimento: verduras, legumbres, carne, pescado, fruta, y todo ello forma parte de la cultura del país. Entre los platos más típicos está el cocido madrileño, que consiste en dos platos: el primero es una sopa de fideos y el segundo, garbanzos con carne, patatas y algunas verduras. Otro plato típico es la paella valenciana, que es un plato hecho con arroz y carne o marisco. También es muy popular el marisco de Galicia, especialmente los mejillones o el pulpo. Y en verano es muy típico beber gazpacho andaluz, que es una sopa fría hecha con tomates, pimientos, pepino, cebolla, pan, aceite, vinagre y ajo. También los asados son muy importantes en Castilla y León, y si visitas Segovia, tienes que comer cochinillo, que es un cerdo pequeño asado. También la carne asada es una comida muy típica en Navidad, junto con el marisco y el turrón, dulce que solo comemos en esa época del año.

1 **Lee el texto y relaciona.**

1 pulpo

2 cocido

cochinillo

gazpacho

5 paella

a ◯ Madrid
b ◯ Valencia
c ◯ Galicia
d ◯ Andalucía
e ◯ Castilla y León

2 **Di si es verdadero (V) o falso (F).**

a Ⓥ Ⓕ La paella es típica de Madrid.
b Ⓥ Ⓕ El gazpacho es una sopa fría.
c Ⓥ Ⓕ El pulpo y los mejillones son típicos de Galicia.
d Ⓥ Ⓕ En España la comida es muy variada.

Las tapas

Algo muy característico y muy típico en España son las tapas. Llamamos "tapas" a la comida que en un bar o restaurante ponen junto a la bebida. Cuando pedimos algo para beber es costumbre ofrecer algo para comer que no hay que pagar. Lo más habitual son aceitunas, patatas fritas, un poco de jamón o un pequeño plato de cualquier tipo de comida.

3 **Lee el texto y contesta a las preguntas.**

1 Las tapas normalmente son gratis.
   a Sí.   b No.

2 Una tapa habitual…
   a fruta.   b aceitunas.

3 Un plato pequeño de paella puede ser una tapa.
   a Sí.   b No.

Café de Colombia

- Colombia es el tercer productor de café mundial.
- Más de 500 000 familias colombianas trabajan en la industria del café.
- El café llega a Colombia con los españoles en el siglo XVIII.
  - Los programas de cultivo respetan la biodiversidad del país.

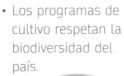

El café colombiano es suave y delicioso.

Arepas

Arepas de carne.

Las arepas son un plato típico de Colombia y Venezuela. Son de origen indígena y muy ricas. La gente las come para el desayuno, el almuerzo ¡y hasta la cena!

Esta es una receta simple para preparar las arepas típicas de Venezuela. ¡Buen provecho!

Ingredientes para 4 a 6 arepas

- 2 tazas de masarepa
- 1 cucharadita de sal
- Agua y aceite

Preparación

Pon una taza y media de agua en un bol, añade la sal y un poco de aceite. Después, mezcla la harina hasta obtener una masa suave, sin grumos. Luego, haz bolas medianas y aplástalas en forma de discos.

Cocina los discos por los dos lados en una plancha con aceite. Después, pon las arepas en el horno a 180 ºC para dorarlas. Rellena con queso, carne o huevos.

¡Buen provecho!

4 Lee los textos y completa las frases.

a Colombia es un famoso productor de .... Mi país es un famoso productor de ....

b El plato típico de Venezuela son las .... El plato típico de mi país es ....

c En la ciudad de Panamá, hace .... grados todo el año. En mi ciudad ....

🍽 GASTRONOMÍA | LAS COMPRAS EN PANAMÁ

¿Qué tal? Soy Cintia y vivo en la ciudad de Panamá. Me gusta mucho vivir aquí porque siempre hace calor. La temperatura media es de 29 grados centígrados. Por eso se vive mucho al aire libre... ¡hasta las compras son al aire libre! Me gusta comprar en los mercados porque las verduras son frescas y la fruta es dulce y deliciosa. Las frutas tropicales son mis favoritas, como la guayaba, el mangostín, la papaya y la piña.

Además, los precios son bajos: la ciudad de Panamá es una de las ocho ciudades más baratas del mundo, según la revista *The Economist*. A los panameños nos gustan mucho los turistas. ¡Visítanos!

5 Responde a las preguntas según tus gustos y preferencias.

a ¿Prefieres el café o el té? ¿Por qué? ....

b ¿Qué tipo de chocolate prefieres? ¿Amargo, con leche, con nueces, blanco...?

....

c ¿Te gusta la fruta? ¿Cuál es tu fruta favorita?..............................

d ¿Qué plato típico es tu favorito y por qué?..................................

e ¿Qué tipo de comida no te gusta?..

Cuaderno de ejercicios p. 59   Actividades interactivas

Érase una vez... LITERATURA

1 Observa la portada de esta obra literaria. ¿Qué crees que es el "kronen"? Habla con tu compañero/a.

Historias del Kronen

Es la primera novela del escritor español José Ángel Mañas. Fue adaptada al cine en 1995 y traducida a varios idiomas. La novela ha sido considerada un éxito y calificada como *best seller*. Literariamente está adscrita a la Generación X. La obra narra la vida de un grupo de jóvenes madrileños, de clase media-alta y universitarios, que se reúnen en el bar Kronen.

LA NOVELA QUE SE CONVIRTIÓ EN ICONO DE TODA UNA GENERACIÓN

JOSÉ ÁNGEL MAÑAS

HISTORIAS DEL KRONEN

3 Elige el significado de las siguientes palabras en este contexto.

1 Carta.
   a Papel escrito que se mete en un sobre y se envía a una persona.
   b Lista de platos y bebidas en un restaurante.

2 Entrada.
   a Aperitivo antes de la comida.
   b Billete para entrar a un espectáculo.

3 Ración.
   a Cantidad de comida que corresponde a una persona.
   b Sensación que produce las ganas de comer.

4 Hambre.
   a Falta de alimento.
   b Deseo de comer.

5 Pasta.
   a Masa para hacer algunos alimentos.
   b Dinero.

2 🎧59 Carlos, un joven estudiante de veintiún años, es de una familia acomodada y está en una pizzería con su amiga Nuria. Escucha y lee el texto.

Historias del Kronen

Nos sentamos a una mesa de dos. La camarera trae dos cartas.
– ¿Tú qué vas a querer?
– Pues no sé. A mí no me gustan las cosas
5 complicadas. Creo que voy a pedir una Margarita pequeña.
– Yo, una Marinera.
– ¿Pedimos algo de entrada?
– Podríamos tomar una ración de pan con ajo
10 mientras nos hacen las pizzas.
– Bueno. Pero yo no quiero más. Con este calor, se me quita el hambre.

La camarera, con una libretita y un bolígrafo, toma nota.
15 – Las pizzas, ¿con pasta fina o de molde? –pregunta.
– Finas, finas las dos.
– ¿Y para beber?
– Yo, un refresco.
20 – Una jarra de agua.
– ¿Algo más?
– No. Eso es todo. Muchas gracias.
[...]

25 *La camarera trae dos pizzas. ¿Margarita? Pone la Margarita en el plato de Nuria; a mí me sirve una Marinera. Las bebidas ya están en la mesa y hemos terminado de comer los*
30 *panecillos de ajo.*

(Adaptado de *Historias del Kronen*, 1994, José Ángel Mañas).

4 Lee ahora un relato y elige cuál es, según tu opinión, la mejor recomendación.

Las recomendaciones de Mónica

Todos los viernes Marta llama a su amiga Mónica por teléfono para hablar sobre el fin de semana. Marta nunca sabe qué quiere hacer, tiene muchas dudas y Mónica siempre le ayuda con sus ideas. Este es un resumen de las últimas recomendaciones de Mónica a su amiga.

Hola Marta, supongo que estás contenta porque es viernes y este fin de semana hay muchísimas cosas que puedes hacer. Por ejemplo, si quieres ver una película en el cine, hay tres opciones interesantes: una comedia española con Penélope Cruz, un drama argentino y una película de animación. Por cierto, tengo una novela de un
5 escritor venezolano. Si tienes tiempo, puedes leer la novela este fin de semana, está muy bien.

Otra opción es comer en un restaurante. Yo te recomiendo un restaurante mexicano que tiene una comida muy buena y es bastante barato. Lo mejor son los nachos y los tacos, ¡me encantan los tacos! Además puedes escuchar rancheras, que son las
10 canciones típicas de México.

Si quieres hacer deporte, podemos montar juntas en bici el domingo. Yo tengo una bici nueva. Es el regalo de mis abuelos por mi cumpleaños.

Por último, ¿te gusta cantar? Es que tengo un karaoke en casa y el domingo puedes venir a cantar con mi hermana y conmigo. ¿Te imaginas? Puede ser muy divertido.
15 Además, mi padre todos los domingos hace paella para comer, entonces puedes venir antes a comer también.

nachos

tacos

rancheras

5 Contesta a las preguntas con *sí* o *no*.

a ¿El padre de Mónica hace paella los sábados?

b ¿A Mónica le gustan los tacos?

c ¿La bici de Mónica es nueva?

d ¿Mónica tiene una hermana?

e La novela que tiene Mónica, ¿es de un escritor mexicano?

f ¿Las rancheras son mexicanas?

6 Lee y escucha la respuesta de Marta y marca qué recomendaciones le gustan.

Muchas gracias por tus recomendaciones, Mónica. Me encanta el cine argentino, entonces la película argentina que me recomiendas es una buena opción. Para la novela no tengo tiempo este fin de semana, pero gracias. Y otra cosa, no me gusta nada la comida mexicana. No puedo montar en bici porque me duele mucho la pierna; pero lo del karaoke sí, me gusta muchísimo cantar. Además, la paella es mi comida favorita.

a ☐ Ver la película argentina.

b ☐ Leer la novela.

c ☐ Comer comida mexicana.

d ☐ Montar en bici.

e ☐ Cantar con el karaoke.

f ☐ Comer paella.

Actividades interactivas 🕐

Prueba de comprensión de lectura

1 **Lee las siguientes notas de una agenda. Relaciona cada nota con la frase correspondiente. Hay tres notas que no debes seleccionar.**

a Montar en bici, domingo

b Cine, viernes a las 20:30h

c Concierto de Shakira el sábado a las 22h

d Médico, a las 12, el miércoles

e Comprar arroz, pan y carne

f Quedar con Eliana para ir al cine

g Reservar mesa en restaurante Pepito, jueves

h Hacer el trabajo de matemáticas. Miércoles por la tarde

i Hablar por teléfono con la tía Eva

j Chatear con mi amigo Michelle, lunes

1 ◯ Estudio.
2 ◯ Navego por internet.
3 ◯ Hablo por teléfono con la familia.
4 ◯ Voy al hospital.
5 ◯ Hago la compra.
6 ◯ Hago deporte.
7 ◯ Voy a cenar fuera.

2 **Lee el siguiente texto y contesta a las preguntas.**

Me encantan los fines de semana. Los sábados por la mañana me levanto a las 9:30 y nado en la piscina hasta las 11:00. Siempre hago algún deporte, fútbol, tenis o baloncesto.

Como a las 14:00 y después duermo un poco la siesta. A las 16:30 viene mi tía Eva a visitarnos y trae siempre una tarta de chocolate. Después navego por internet porque tengo muchos amigos para chatear. A las 20:00 salgo con mis amigos a tomar algo y conocer a gente. Hay una chica que me gusta mucho. Se llama Sara, pero tiene novio. A veces me mira y me pongo rojo. Los domingos comemos todos juntos. Mis padres preparan paella o carne. Después salimos todos a pasear y por la noche hago los deberes para el lunes.

1 La persona que escribe es…
   a un chico.
   b una chica.
   c un profesor.

2 Esta persona…
   a cena en un restaurante.
   b va al cine.
   c hace deporte.

3 Esta persona…
   a duerme muchas horas por la noche.
   b duerme la siesta.
   c duerme en casa de sus amigos.

4 Su tía Eva viene…
   a por la mañana.
   b por la tarde.
   c por la noche.

5 A esta persona…
   a le gusta mucho Sara.
   b no le gusta nada Sara.
   c le gusta un poco Sara.

6 Los domingos cocina…
   a el padre.
   b la madre.
   c los dos.

1 Completa el diálogo con las siguientes palabras.

/5

gusta ▪ gustan ▪ también ▪ tampoco ▪ gusta

a ▶ ¿Te .... los platos típicos españoles?
b ◁ Sí, muchísimo. Me .... mucho comer.
c ▶ A mí ...., me encanta comer. Pero no me .... cocinar.
d ◁ A mí .... Es muy complicado.

2 Relaciona las frases.

/5

1 Me duele   •   • a fiebre.
2 Me duelen   •   • b el estómago.
3 Tengo dolor de • • c enfermo.
4 Estoy   •   • d cabeza.
5 Tengo   •   • e los pies.

3 Ordena el siguiente diálogo.

/8

☐ **Camarero:** ¿Quiere algo de comer?
☐ **Cliente:** Buenas noches.
① **Camarero:** Hola, buenas noches.
☐ **Cliente:** No, nada más, gracias. ¿Cuánto es?
☐ **Camarero:** ¿Qué quiere tomar?
☐ **Cliente:** Un refresco de limón, por favor.
☐ **Camarero:** ¿Algo más?
☐ **Cliente:** Sí, una ración de jamón y queso, por favor.
☐ **Camarero:** Son 16 euros.

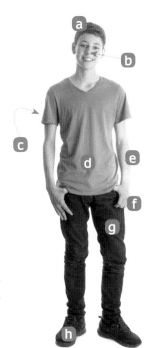

4 Escribe las partes del cuerpo.

/8

a La ....   e El ....
b La ....   f La ....
c La ....   g La ....
d El ....   h El ....

Ahora soy capaz de…

a …describir mi carácter y mi estado de ánimo.   Sí   No
b …pedir en un restaurante.   Sí   No
c …hablar sobre mis gustos y preferencias.   Sí   No

Sigue practicando con…

SPANISH BLOGGER
Misión 5

Actividades interactivas ⊙

VAMOS DE VIAJE

Comunicación
- Pedir y dar información espacial
- Preguntar y decir la dirección/localización

a b c Vocabulario
- Los medios de transporte
- La ciudad

Gramática
- Verbos irregulares en presente de indicativo
- Las preposiciones de lugar *a*, *en* y *de*
- Adverbios de cantidad
- *Muy/mucho*

Pronunciación y ortografía
- Los sonidos /x/ y /g/

Sesión de cine
- *¿Cómo vamos?*

Cultura
- El transporte en España y en Hispanoamérica

Literatura
- *El cuaderno de Maya*, de Isabel Allende
- *Las vacaciones de Lucía*

¿Qué ves?

1 **Fíjate en la imagen y elige la opción correcta.**

1 La imagen representa…
- **a** una foto de tres estudiantes.
- **b** una foto de un grupo de amigos.
- **c** una foto de tres excursionistas.

2 La chica tiene en la mano…
- **a** una guía.
- **b** un papel.
- **c** un mapa.

3 Los chicos están…
- **a** en la ciudad.
- **b** en el campo.
- **c** en el instituto.

4 Los chicos de la foto…
- **a** están tranquilos.
- **b** están tristes.
- **c** están atentos.

2 **Relaciona.**

- **a** ☐ Un mapa.
- **b** ☐ Un parque natural.
- **c** ☐ Una mochila.
- **d** ☐ Una cantimplora.

Comenzamos
con un diálogo

 3 Escucha el diálogo y contesta verdadero (V) o falso (F).

Belén: ¿Conoces este parque natural?

Jesús: No, es la primera vez que estoy aquí. ¡Es increíble!

Belén: Es verdad. A mí me gusta porque no está muy **lejos de** nuestra casa y podemos venir en coche. A mis hermanos les encanta jugar aquí. Hay árboles muy altos y muchos tipos de flores. ¡Ah...! y es fácil ver animales; hay osos, jirafas y muchas especies de pájaros. También hay restaurantes para comer.

Jesús: Genial. ¿Dónde están los restaurantes? Ya tengo un poco de hambre.

Belén: Pues hay muchos, pero el más barato está **cerca de** la entrada. Nos gusta porque tiene unas mesas de madera bastante grandes.

Jesús: ¿Seguro? Creo que en la entrada no hay restaurantes, según este mapa.

Belén: Claro que sí, hay en la entrada y también **detrás del** lago. Tu mapa está mal.

Jesús: ¿Y sabes si hay una tienda donde comprar otro mapa?

Belén: Pues creo que hay una tienda **delante de** la entrada. Venga, vamos al restaurante y después de comer vamos a la tienda y seguimos con la ruta.

a Jesús conoce muy bien el parque. (V) (F)

b Belén piensa que el parque está un poco lejos de su casa. (V) (F)

c En el parque no hay animales. (V) (F)

d El restaurante más barato está cerca de la entrada. (V) (F)

e Jesús quiere comprar otro mapa. (V) (F)

f Primero van a la tienda y después al restaurante. (V) (F)

 4 Escucha otra vez y repite.

5 Mira los dibujos y completa con las palabras resaltadas del diálogo.

 **a**
 **b**
 c
 **d**

a La pelota está .... la caja.

b La pelota está .... la caja.

c La pelota está .... la caja.

d La pelota está .... la caja.

Actividades interactivas

PEDIR Y DAR INFORMACIÓN ESPACIAL

¿Dónde está el libro?

El libro está
- delante de
- detrás de
- encima de
- debajo de
- lejos de
- cerca de
- al lado de
- a la izquierda de
- a la derecha de
- dentro de

la mochila.

!
- *de + el = **del***
- *a + el = **al***

La lámpara está [**entre**] la mesa [**y**] la mochila.

1 Fíjate en el escritorio de María y escribe dónde están estos objetos.

a El ordenador está .... cedés y el móvil.

b Los cedés están .... refresco.

c La cámara está .... pantalla del ordenador.

d La ventana está .... gato.

e El cuaderno está .... móvil.

f La lámpara está .... ordenador.

 63

2 Escucha a María cómo describe su habitación y encuentra un error.

3 Pregunta a tu compañero/a por la ubicación de otros objetos que hay en el escritorio del ejercicio 1.

– *¿Dónde están las zapatillas de María?*

4 En parejas describe dónde está uno de tus compañeros de clase.

Cuaderno de ejercicios p. 62

PREGUNTAR Y DECIR LA EXISTENCIA/LOCALIZACIÓN

Hay

■ Se usa para hablar y preguntar por la **existencia** de algo o de alguien:
  – *En mi clase **hay** una pizarra y **hay** muchos libros.*
  – *Perdona (tú)/Perdone (usted), ¿**hay** piscina en este pueblo?*

■ Es invariable y se usa:
  • delante del nombre.
  • con los artículos indeterminados (*un, una, unos, unas*) o sin artículos.
  – *En tu pueblo **hay** (un) campo de fútbol.*

Para preguntar

Perdona (tú)/Perdone (usted), ¿dónde hay/está...?
Oye (tú)/Oiga (usted), ¿dónde hay/está...?
¿Sabes (tú)/Sabe (usted) dónde hay/está...?

Está / están

■ Se usa para hablar o preguntar por la **localización** de una cosa o una persona:
  – *La pizarra **está** detrás de la mesa y los libros **están** en la estantería.*
  – *Oye (tú)/Oiga (usted), ¿dónde **está** el restaurante de Manuel?*

■ Es variable y se usa:
  • después del nombre (cuando no es una pregunta).
  • con los artículos determinados (*el, la, los, las*).
  – *El campo de fútbol **está** cerca del instituto.*

Para responder

Sí, claro, mira/mire...
Pues mira/mire,...
No lo sé, lo siento.

---

5 Completa estos diálogos en tu cuaderno con los verbos *haber* y *estar*.

José: ¿Dónde .... el bar de Pedro?
Lola: El bar .... cerca de mi casa, en la calle Felicidad.

Andrés: Oye, ¿dónde .... una comisaría?
Laura: No lo sé.

Juan: Perdona, Raquel, ¿................................ playa en tu ciudad?
Raquel: No, no hay playa, pero .... unos lagos muy bonitos que .... cerca de mi casa.

 6 Escucha y comprueba. Después, representa los diálogos con tu compañero/a.

7 Pregunta a tu compañero/a si hay estos lugares en su ciudad y dónde están. Luego di lo que te gusta más y lo que te gusta menos.

un parque de atracciones
un restaurante japonés
un parque acuático
un cine

Cuaderno de ejercicios p. 62 a 64  Actividades interactivas

Palabra por_palabra VOCABULARIO

1 Escucha cómo se dicen en español los medios de transporte y completa.

a ir en/coger el _autobús_

b ir en/coger un ....

c ir en/coger un ....

d ir en/coger un ....

e ir en ....

f ir en/coger el ....

g ir en/coger el ....

h ir a .... _pie_ ....

2 Relaciona cada adjetivo con su definición.

1 rápido/a •   • **a** Que cuesta mucho dinero.
2 caro/a •   • **b** Que tarda poco tiempo.
3 lento/a •   • **c** Que cuesta poco dinero.
4 barato/a •   • **d** Que tarda mucho tiempo.
5 seguro/a •   • **e** Que tiene riesgo.
6 práctico/a •   • **f** Que es agradable.
7 peligroso/a •   • **g** Que no tiene riesgo.
8 cómodo/a •   • **h** Que es útil.

3 Clasifica los adjetivos anteriores en positivos y negativos.

NEGATIVOS

POSITIVOS

+	−

4 Escribe un adjetivo para cada medio de transporte. Pregunta a tu compañero/a. ¿En qué coincidís?

a Para mí, el coche es... ....
b Para mí, el avión es... ....
c Para mí, el tren es... ....
d Para mí, el metro es... ....
e Para mí, el barco es... ....
f Para mí, la moto es... ....

Cuaderno de ejercicios p. 64 y 65

La ciudad

 5 **Escucha y repite.**

(un) parque

(una) biblioteca

(una) zapatería

(una) estación de tren

(una) farmacia

(una) tienda de ropa

(un) supermercado

(un) gimnasio

(una) librería

(una) parada de autobús

(una) estación de metro

(un) museo

6 Ahora, repite las palabras con el artículo definido adecuado.

7 Mira el plano y completa el texto.

¡Tengo un barrio genial! En mi barrio hay un centro comercial entre la .... de tren y el .... En el centro comercial hay una zapatería que me gusta mucho. Enfrente hay un .... muy grande, y cruzando un .... donde siempre voy a comprar. Detrás del gimnasio hay un .... donde quedo con mis amigos para montar en bici. El parque está cerca del ...., al final de la Avda. de la Constitución. ¡Ah! Yo vivo al lado del metro, en la C/ Nerja, n.º 45, 3.º B.

> **■ Las direcciones:** abreviaturas.
> Avenida ➡ **Avda.** Izquierda ➡ **izda.**
> Calle ➡ **C/** 1.º ➡ **primero**
> Plaza ➡ **Pl.** 2.º ➡ **segundo**
> Paseo ➡ **P.º** 3.º ➡ **tercero**
> Número ➡ **n.º** 4.º ➡ **cuarto**
> Código Postal ➡ **CP** 5.º ➡ **quinto**
> Derecha ➡ **dcha.**

8 Escribe un texto similar sobre qué hay en tu barrio. Después, explícaselo a tu compañero/a.

9 Pregunta a tu compañero/a por su dirección y escríbela. Luego, haced lo contrario.
▶ *¿Dónde vives?*
▷ *Vivo en...*

GRAMÁTICA

VERBOS IRREGULARES EN PRESENTE DE INDICATIVO

	ir	seguir	jugar	conocer
yo	**voy**	si**g**o	ju**e**go	cono**zc**o
tú	**vas**	si**g**ues	ju**e**gas	conoces
él/ella/usted	**va**	si**g**ue	ju**e**ga	conoce
nosotros/as	**vamos**	seguimos	jugamos	conocemos
vosotros/as	**vais**	seguís	jugáis	conocéis
ellos/ellas/ustedes	**van**	si**g**uen	ju**e**gan	conocen

Videogramas

1 Completa el cuadro con la forma correcta en presente de indicativo.

a Jugar (yo) ➡ ....

b Conocer (nosotros) ➡ ....

c Ir (ellos) ➡ ....

d Seguir (tú) ➡ ....

e Ir (yo) ➡ ....

f Jugar (vosotros) ➡ ....

g Conocer (yo) ➡ ....

h Seguir (ella) ➡ ....

i Ir (tú) ➡ ....

j Conocer (ellos) ➡ ....

k Seguir (nosotros) ➡ ....

l Jugar (usted) ➡ ....

LAS PREPOSICIONES DE LUGAR *A*, *DE* Y *EN*

■ Los verbos de movimiento van acompañados de algunas preposiciones de lugar.

• *en* indica el medio de transporte: – *Viajamos **en** coche.*
• *a* indica destino: – *Voy **a** Roma.*
• *de* indica origen y procedencia: – *Vengo **de** Burgos.*

> – *Ir **de** vacaciones/ir **de** viaje.*

Videogramas

2 Lee los diálogos y complétalos con estos verbos y preposiciones.

> jugamos ▪ en ▪ por ▪ ir ▪ a ▪ conoces ▪ de ▪ voy ▪ sigues ▪ paso ▪ en ▪ vas ▪ vamos

a ▶ ¿Cómo puedo (1) .... a la casa de tu hermano?

▷ Para ir (2) .... su casa (3) .... todo recto por la calle Real, giras a la derecha y caminas diez minutos aproximadamente. La casa está (4) .... la calle Paz. Si vas (5) .... autobús, es mejor.

b ▶ ¿(6) .... dónde es Juan?

▷ ¿(7) .... a Juan?

▶ Claro, todos los domingos (8) .... con él a tenis y en verano (9) .... de vacaciones juntos.

c ▶ ¿Dónde (10) ....?

▷ Al campo de fútbol. Mis amigos y yo (11) .... al fútbol por la tarde.

d ▶ ¿(12) .... dónde pasas para ir a Madrid?

▷ (13) .... por Barcelona y Zaragoza.

Cuaderno de ejercicios p. 67 a 70 ✏

ADVERBIOS DE CANTIDAD

Juan come

demasiado	– Luis trabaja **demasiado**.
mucho	– Ana viaja **mucho**.
bastante	– Pedro estudia **bastante**.
poco	– Rosa estudia **poco**.

Videogramas ▶

> ❗ ■ *Demasiado*, *mucho*, *bastante* y *poco* pueden funcionar también como adjetivos.
>
> En estos casos son variables y concuerdan con el nombre al que acompañan:
> • *demasiado/a/os/as*
> • *mucho/a/os/as*
> • *bastante/s*
> • *poco/a/os/as*
>   – En Madrid hay **demasiada** gente.
>   – Hoy tengo **muchos deberes**.

3 **Elige la opción correcta.**

a Mi hermano nunca va al gimnasio. No le gusta **poco** / **mucho** hacer deporte.

b Jaime come **demasiado** / **poco**. Solo una ensalada para comer y fruta para cenar.

c Todos los días leo el periódico y una revista. Leo **poco** / **bastante**.

d Mi padre trabaja doce horas al día. Trabaja **demasiado** / **bastante**.

MUY/MUCHO

■ *Muy* es invariable y se usa delante de adjetivos y adverbios:
  – Él/ella es **muy** inteligente.   – Ellos/ellas hablan **muy** despacio.

■ *Mucho* se usa:
  • después de un **verbo** (es un adverbio y es invariable): – Juan come **mucho**.
  • delante de un **sustantivo** con el que concuerda (es un adjetivo y es variable):
    – Hace **mucho** calor.   – En el concierto hay **muchas** personas.

4 **Clasifica las palabras según se utilicen con *muy* o *mucho/a*.**

guapa ▪ calor ▪ divertido ▪ simpática ▪ sueño ▪ trabajador ▪ paciencia ▪ alegría

Muy	Mucho/a

5 **Completa las frases con *muy* o *mucho/a/os/as*.**

a Esta chica estudia todos los días. Es .... inteligente.

b Mi primo cuando habla tiene .... razón.

c Duermo cinco horas al día. Tengo .... sueño.

d Mi amigo hace .... preguntas; es .... curioso.

Cuaderno de ejercicios p. 70 y 71   Actividades interactivas

PRONUNCIACIÓN Y ORTOGRAFÍA

 1 **Escucha la pronunciación de estas palabras.**

Sonido /x/	Sonido /g/
• g + e, i ➡ **ge**nte, **gi**tano	• g + a, o, u ➡ **ga**lleta, **go**rdo, **gu**apo
• j + a, o, u ➡ **ja**món, **jo**ven, **ju**eves	• gu + i, e ➡ **gui**tarra, Mi**gue**l

> ■ El verbo **coger** en el presente se escribe con **g** en todas las personas excepto en la primera, que se escribe con **j**: *cojo, coges, coge, cogemos, cogéis, cogen.*
>
> ■ El verbo **seguir** en el presente se escribe con **gu** en todas las personas excepto en la primera, que se escribe con **g**: *sigo, sigues, sigue, seguimos, seguís, siguen.*

2 **Lee en voz alta las siguientes palabras. Después escúchalas y comprueba su pronunciación.**

general	jubilarse	guerra
jabalí	agua	gamba
ajo	agosto	girasol
girar	guisante	página

3 **Escribe g o j.**

a ca......ón
b o......o
c má......ico
d ......ema
e ......irasol

f co......e
g ......untos
h mon......a
i ima......en
j traba......o

4 **Escribe g o gu.**

a ......ato
b ......orro
c ......errero
d á......ila
e ......usano

f ......afas
g ......ía
h ......azpacho
i ......ota
j abri......o

5 **Corrige los errores de las frases.**

a Mi amijo Gosé es muy simpático. ➡ ....
b El jersey de Rosa es rogo. ➡ ....
c Mi instituto está muy legos de mi casa. ➡ ....
d Gillermo siempre nos gana en los videojuegos. ➡ ....

 6 **Dictado.**

1	5 ....
2	6 ....
3	7 ....
4	8 ....

Cuaderno de ejercicios p. 71 ✏   Actividades interactivas ⏱

Sesión de cine — VÍDEO

¿Cómo vamos?

SINOPSIS

Rigo y Alejandro van a pasar el fin de semana en el pueblo de Alejandro. Hablan de lo que van a hacer allí estos días. ¿Qué opina Rigo del fin de semana?

1 Observa la imagen donde aparecen Alejandro y Rigo e identifica seis cosas que veas. Usa el verbo "haber" en tus respuestas.

1 ....
2 ....
3 ....
4 ....
5 ....
6 ....

2 En parejas, hablad sobre cuáles de las siguientes actividades creéis que son las más divertidas. Justifica tu respuesta.

a coger moras

b bañarte en un río

c ir al centro comercial

d jugar al fútbol

3 Observa el vídeo y haz las actividades que te va a repartir tu profesor/a.

Secuencia de vídeo   Actividades interactivas

Mundo hispano
Cultura

EL TRANSPORTE EN ESPAÑA

1 Lee esta información de una guía turística sobre los transportes en España.

España es un país muy turístico con grandes ciudades. Tiene aeropuertos importantes como el de Barajas Adolfo Suárez (Madrid) o El Prat (Barcelona), que reciben a viajeros de todos los países del mundo.

Todas las ciudades están conectadas entre sí con muchos medios de transporte como aviones, autobuses, trenes normales y trenes de alta velocidad (AVE).

Para moverte dentro de las ciudades tienes metro, autobuses y trenes interurbanos. Todos los transportes son muy modernos, cómodos y seguros, y también algo importante: son puntuales. Casi todas las estaciones (autobuses, trenes o metro) tienen conexión con el resto de los medios.

El transporte en trenes (RENFE) es excelente. Las grandes ciudades tienen un tipo de transporte de trenes que se llama Cercanías, para circular rápidamente por la misma ciudad o ir a ciudades cercanas.

Los autobuses también circulan por todo el país y las carreteras están bien cuidadas. El único inconveniente son los atascos.

2 Con la información que tienes más arriba completa el siguiente diagrama.

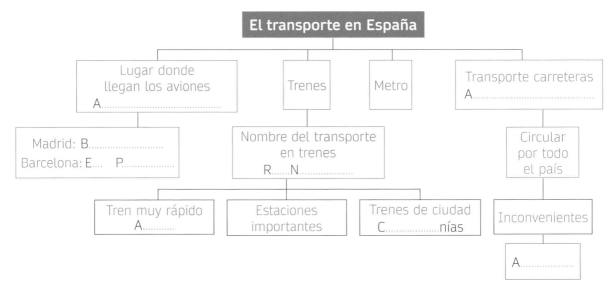

El transporte en España

- Lugar donde llegan los aviones A.............
  - Madrid: B.............
  - Barcelona: E..... P.............
- Trenes
  - Nombre del transporte en trenes R.....N.............
    - Tren muy rápido A.............
    - Estaciones importantes
    - Trenes de ciudad C.............nías
- Metro
- Transporte carreteras A.............
  - Circular por todo el país
  - Inconvenientes A.............

EL TRANSPORTE EN HISPANOAMÉRICA

3 Completa con la información del texto.

Forma de pago	Transporte
billete	
tarjeta recargable	

Debes pagar en efectivo en:

microbús ☐   autobuses ☐

EL TRANSPORTE EN MÉXICO D.F.

El transporte colectivo en el D.F. es bastante económico. Existen diferentes formas de transportes: el metro, el tren ligero, el metrobús, el trolebús, el microbús y los autobuses. Desde el año 2010 existe el Eco Bus, un transporte menos contaminante. Algunos autobuses y vagones de metro son exclusivos para mujeres. Para mayor información, puedes consultar la siguiente dirección electrónica: *www.rtp.gob.mx*

En México D.F. los menores de 5 años y los mayores de 60 viajan gratis, pero ya no hay descuentos para estudiantes. Debes comprar un billete antes de coger el metro o el tren ligero; para el metrobús hay tarjetas recargables. En los demás transportes, el billete se paga directamente al conductor.

CURIOSIDADES | COCHES CLÁSICOS EN LA HABANA

- En Cuba hay muchos coches antiguos de los años 50. Mucha gente dice que son bonitos, otra gente dice que son demasiado viejos.
- Hay pocos coches nuevos porque la ley no permite la importación.
- En general, los coches están bastante cuidados.
- Hay muchos taxis que son coches clásicos de colores alegres.
- Hay una competición anual de estos coches en las calles de La Habana. Se llama "Rally de Automóviles Clásicos Cubanos".

Un taxi Chevrolet en la capital cubana.

4 Contesta verdadero (V) o falso (F) según el texto.

a Ⓥ Ⓕ En Cuba todos los coches son nuevos.
b Ⓥ Ⓕ La mayoría de los coches son importados.
c Ⓥ Ⓕ En Cuba es fácil comprar un coche nuevo.
d Ⓥ Ⓕ En general, la gente cuida sus coches.
e Ⓥ Ⓕ Los taxis son de colores oscuros.
f Ⓥ Ⓕ Todos los años hay un concurso de coches clásicos.

Érase una vez... LITERATURA

1 ¿Conoces a esta autora? ¿Qué sabes de ella? Lee su biografía.

Isabel Allende

Es una famosa escritora chilena, aunque nació en Lima (Perú). *La casa de los espíritus* (1982) es su primera novela y su obra más conocida. Otros libros son: *Eva Luna* (1987), *Hija de la fortuna* (1999) y *El cuaderno de Maya* (2011). Es la escritora viva de lengua española más leída del mundo.

2 Lee este fragmento de la novela *El cuaderno de Maya* y complétalo con las palabras del recuadro.

océano ▪ continente ▪ islas
archipiélago ▪ país ▪ ciudades

El cuaderno de Maya

Estoy en Chile, el a .... de mi abuela Nidia Vidal, donde el b .... se come la tierra a mordiscos y el c .... sudamericano se desgrana en islas. Para mayor
5 precisión, estoy en Chiloé, un d .... de más o menos nueve mil kilómetros cuadrados de superficie y unos doscientos mil habitantes, todos más cortos de estatura que yo. En mapudungun, la lengua de los indígenas de la región, Chiloé
10 significa tierra de cáhuiles, unas gaviotas de cabeza negra. Además de la Isla Grande, donde se encuentran las e .... más pobladas, existen muchas f .... pequeñas.

(Adaptado de *El cuaderno de Maya*, Isabel Allende)

Ancud ●

Castro ●

Quellón ●

Isla de Chiloé

gaviota cáhuil

  3 Ahora escucha el texto y comprueba.

4 **Lee el siguiente relato.**

Las vacaciones de Lucía

Me gusta ir de vacaciones con mis padres. Siempre
organizan viajes muy interesantes y diferentes. Este año
vamos a ir a México. ¡Me encanta! ¿Y qué voy a hacer?
Pues no voy a visitar monumentos ni nada por el
5 estilo. Voy a disfrutar de la naturaleza. ¡Voy a ver ballenas
y mariposas monarca!

¿Sabes, querido diario, que todos los años, entre
octubre y marzo, 300 millones de mariposas
monarca viajan desde Canadá hasta México
10 para hibernar? Estas mariposas viajan 4000
kilómetros (durante más de 25 días) en busca de
una temperatura más cálida. Dicen que es
fantástico poder verlas a todas juntas volando.
Su destino es lo que se llama el "Santuario de
15 las mariposas monarca", un bosque donde se
quedan hasta primavera. A medida que entras en
este bosque hay más y más mariposas que cubren
las ramas de los árboles, y con la luz del sol empiezan a volar y todo se vuelve de
color naranja. ¿Cómo algo tan pequeño como una mariposa puede volar tantos
20 kilómetros? ¡Es increíble!

También vamos a ver las ballenas grises. En la misma época, muchas de estas ballenas
se juntan en las aguas de Baja California para tener sus crías. Además, cuando ven
gente en un bote, se acercan y muestran la cola. ¡Voy a hacer un montón de fotos!

5 **Marca las opciones correctas.**

a ☐ Lucía está en México.

b ☐ Todos los años viaja con sus padres a
México.

c ☐ El final de la migración de la mariposa
monarca es en un bosque.

d ☐ Las ballenas grises van a las aguas de
Baja California para tener sus crías.

e ☐ Las mariposas viajan en primavera.

f ☐ Lucía se cuenta el viaje a sí misma.

Actividades interactivas

Prueba de comprensión de lectura

1 Lee el texto sobre la ciudad de Salamanca y contesta.

Este es el plano del centro de Salamanca, que es una ciudad española muy conocida. Muchos jóvenes estudian aquí, porque su universidad es muy importante. Es la segunda universidad más antigua de España y está al lado del Conservatorio. Conozco Salamanca y me gusta pasear por la Plaza Mayor, que está a la izquierda del Mercado Central. Esta plaza es muy famosa y conocida en el resto de España. Aquí hay muchos turistas, que visitan el Ayuntamiento, y muchos estudiantes que tocan la guitarra para divertirse. No es una ciudad muy grande, no tiene metro, así que voy andando a todos los lugares, aunque muchos salmantinos van a trabajar en coche.

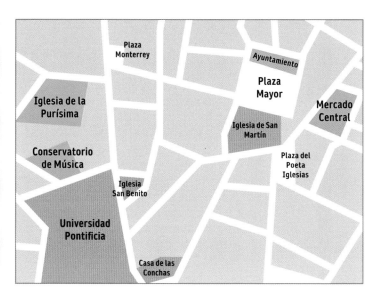

1 ¿Dónde está el Mercado Central?
- a A la derecha de la Plaza Mayor.
- b Lejos de la Plaza Mayor.
- c Encima de la Plaza Mayor.

2 ¿Hay una estación cerca de la Plaza Mayor?
- a Sí.
- b No, no hay.
- c No, no hay metro.

3 El Ayuntamiento está...
- a al lado del conservatorio.
- b a la derecha del Mercado Central.
- c en la Plaza Mayor.

4 Es una ciudad que se puede recorrer...
- a a pie.
- b en metro.
- c en tren.

5 En Salamanca hay...
- a mucho turismo.
- b muchos estudiantes.
- c mucho turismo y muchos estudiantes.

6 Salamanca tiene...
- a la Universidad más antigua de España.
- b el segundo conservatorio más antiguo de España.
- c una Plaza Mayor muy famosa en España.

1 Completa los siguientes diálogos con las palabras que tienes a continuación.

/6

hay ▪ recto ▪ giras ▪ sigues ▪ ir ▪ izquierda

a ▶ ¿Cómo puedo .... a la Plaza de España?
  ◁ Sigues todo recto, ... a la derecha y allí está la Plaza de España.
b ▶ ¿Me puedes indicar cómo llegar a Callao?
  ◁ En la primera calle giras a la .... y después todo ....
c ▶ ¿Dónde .... una farmacia por aquí cerca?
  ◁ .... todo recto y luego giras a la derecha.

2 Escribe la palabra correcta según las fotografías.

/4
a Mi tío coge un .... para ir a trabajar porque es más rápido.
b Raquel coge el .... todos los días para ir a trabajar.
c Estudio mejor en la .... que en casa.
d Compro toda la fruta y la verdura en el ....

3 ¿Qué significan las siguientes abreviaturas?

/6
a Avda. ⇒ ....
b Dcha. ⇒ ....
c CP ⇒ ....
d Pl. ⇒ ....
e C/ ⇒ ....
f P.º ⇒ ....

4 Completa con *hay*, *está* o *están*.

/7
a ¿Dónde .... Javier?
b En mi calle .... una biblioteca.
c El cuaderno .... encima de la mesa.
d Los platos .... en mi casa.
e No .... farmacia en esta calle.
f En la Puerta del Sol .... otras paradas de autobús.
g ¿Dónde .... mis zapatillas preferidas?

5 Completa con expresiones de lugar.

/4

a El pájaro está .... la rama.
b El gato está .... la cesta.
c La jirafa está .... el árbol.
d El perro está .... el sillón.

Ahora soy capaz de...

a ...preguntar por un lugar y dar indicaciones. Sí No
b ...localizar una cosa, una persona o un lugar. Sí No
c ...hablar sobre los medios de transportes. Sí No

Sigue practicando con...

Misión 6

Actividades interactivas ⊕

Ahora comprueba

1 Observa el dibujo y escribe en el grupo correspondiente los alimentos de la pirámide.

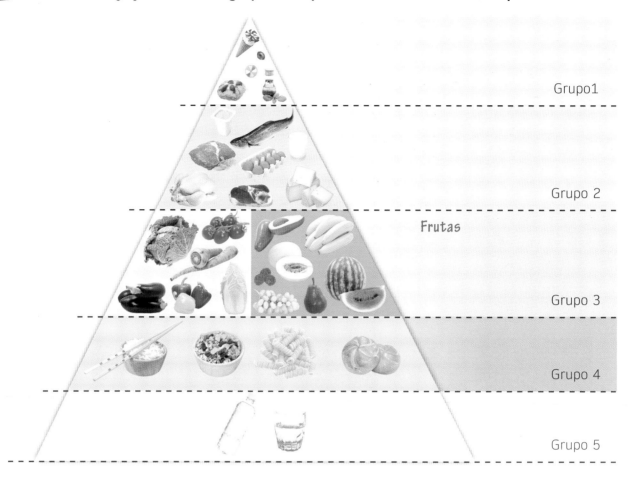

Grupo1

Grupo 2

Frutas

Grupo 3

Grupo 4

Grupo 5

Alimentos

- (la) leche
- (las) verduras
- (el) arroz
- (las) frutas

- (el) queso
- (la) carne
- (el) agua
- (la) pasta

- (el) aceite
- (el) pescado
- (los) cereales
- (el) yogur

- (el) pan
- (los) huevos
- (el) pollo
- (los) dulces

 2 Escucha un diálogo en un restaurante de comida sana y completa el menú.

3 Con tu compañero/a, inventa un diálogo en un restaurante entre un camarero y un cliente.

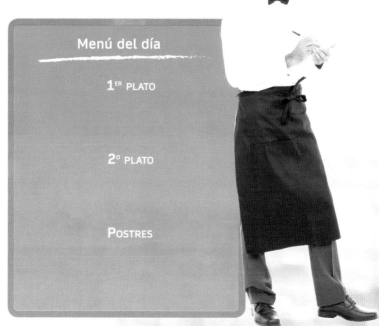

Menú del día

1ᴱᴿ PLATO

2º PLATO

POSTRES

72 **4** **En septiembre Carlos y Julián van a realizar un viaje por la Patagonia. Escucha y contesta a las preguntas.**

a ¿Dónde está la Patagonia?
b ¿Qué hay en la Patagonia?
c ¿Qué se puede visitar?
d ¿Cómo es el invierno?
e ¿En qué meses es invierno? ¿En qué meses es verano?
f ¿Dónde pueden dormir?
g ¿Hay metro, autobuses o trenes?
h ¿Necesitan tener buena condición física para este viaje?
i ¿Qué pueden comer?
j ¿Qué documentos necesitan para hacer el viaje?

5 **Lee el texto y completa con las palabras que faltan.**

> hay ■ visitamos ■ viven ■ cogemos ■ glaciar
> estamos ■ muchas ■ hay ■ viaje ■ vamos

Carlos: Me encanta este viaje. ¿Cómo vamos?

Julián: .... en avión hasta Buenos Aires. Allí .... tres días, ... la ciudad y luego .... otro avión hasta la Patagonia. Seguimos el .... en barco, vemos las ballenas y visitamos el .... Perito Moreno.

Carlos: ¿............................ ballenas en la Patagonia?

Julián: Sí, hay .... ballenas y también .... animales que .... en el agua.

6 **Estas son cosas que necesitas para hacer el viaje a la Patagonia. Hay cinco de ellas que no podéis llevar por el peso. Habla con tu compañero/a y decidid qué lleváis y qué no.**

◯ una mochila	◯ pantalones largos	◯ gafas de sol
◯ zapatillas	◯ abrigo	◯ cámara de fotos
◯ camisetas	◯ protector solar	◯ gorra
◯ pantalones cortos	◯ impermeable	◯ champú

LOS PRONOMBRES DE SUJETO

	singular	plural
1.ª persona	yo	nosotros/nosotras
2.ª persona	tú	vosotros/vosotras
3.ª persona	él/ella/usted	ellos/ellas/ustedes

EL ARTÍCULO

■ Artículo indeterminado

	masculino	femenino
singular	un	una
plural	unos	unas

■ Artículo determinado

	masculino	femenino
singular	el	la
plural	los	las

PRESENTE DE INDICATIVO DE *LLAMARSE, SER* Y *TENER*

	llamar(se)	ser	tener
yo	**me** llam**o**	**soy**	**tengo**
tú	**te** llam**as**	**eres**	**tienes**
él/ella/usted	**se** llam**a**	**es**	**tiene**
nosotros/as	**nos** llam**amos**	**somos**	tenemos
vosotros/as	**os** llam**áis**	**sois**	tenéis
ellos/ellas/ustedes	**os** llam**an**	**son**	**tienen**

LOS NÚMEROS DEL 1 AL 31

0	cero	**8**	ocho	**16**	dieciséis	**24**	veinticuatro
1	uno	**9**	nueve	**17**	diecisiete	**25**	veinticinco
2	dos	**10**	diez	**18**	dieciocho	**26**	veintiséis
3	tres	**11**	once	**19**	diecinueve	**27**	vientisiete
4	cuatro	**12**	doce	**20**	veinte	**28**	veintiocho
5	cinco	**13**	trece	**21**	veintiuno	**29**	veintinueve
6	seis	**14**	catorce	**22**	veintidós	**30**	treinta
7	siete	**15**	quince	**23**	veintitrés	**31**	treinta y uno

EL SUSTANTIVO: GÉNERO Y NÚMERO

singular		plural		
masculino	femenino	masculino/femenino		
-o	-a	Termina en vocal: + s	Termina en consonante: + es	Termina en –z: –ces
el bolígraf*o*	*la* cámar*a*	mesa / mesa**s**	actor / actor**es**	lápiz / lápi**ces**

EXPANSIÓN GRAMATICAL
- Son masculinos también:
  - los sustantivos que:
    - terminan en **–o**: *el libro, el dedo, el dinero, el vaso, el bolígrafo...*
    - terminan en **–aje**: *el paisaje, el coraje, el masaje, el garaje, el potaje, el peaje...*
    - terminan en **–an**: *el plan, el pan...*
    - terminan en **–or**: *el pintor, el amor, el dolor, el error, el señor, el televisor, el ordenador...*

  - los nombres de ríos, lagos, mares y océanos: *el Tajo, el Mediterráneo, el Sena, el Titicaca...*

- Son femeninos también los sustantivos que:
  - terminan en **–a**: *la mesa, la casa, la caja, la crema, la niña, la chaqueta, la sopa...*
  - terminan en **–dad**, **–tad**, **–ción**, **–sión**: *la edad, la bondad, la ciudad, la verdad, la amistad, la canción, la redacción, la traducción, la televisión, la decisión, la expresión...*
  - terminan en **–umbre**, **–eza**, **–nza**, **–cia**, **–ncia**: *la pesadumbre, la incertidumbre, la pobreza, la esperanza, la avaricia, la abundancia, la ganancia...*

> ***El** problema, **el** día, **el** mapa, **el** diploma.*
> ***La** mano, **la** radio.*

EL ADJETIVO

- **Formación del femenino**
  - Los adjetivos que terminan en **–o** forman el femenino con **–a**: *guap**o**/guap**a***.
  - Los adjetivos que terminan en **consonante** forman el femenino añadiendo una **–a**: *español/español**a***.
  - Algunos adjetivos que terminan en **consonante** son **invariables**: *azul*.

- **Formación del plural**
  - Los adjetivos que terminan en **vocal** forman el plural añadiendo una **–s**: *moren**o**/moren**os***.
  - Los adjetivos que terminan en **consonante** forman el plural añadiendo **–es**: *jove**n**/jóve**nes***.

CONCORDANCIA SUSTANTIVO Y ADJETIVO

singular			
masculino	**femenino**	**masculino/femenino**	
		-e	consonante
-o	-a	*El coche grand**e***	*El coche azu**l***
*El coche bonit**o***	*La silla bonit**a***	*La silla grand**e***	*La silla azu**l***

plural
masculino/femenino
Termina en vocal: + *s*   Termina en consonante: + *es*
***Los coches** bonitos*   ***Las sillas** azules*

PRESENTE DE INDICATIVO

	hablar	**estar**
yo	habl**o**	estoy
tú	habl**as**	estás
él/ella/usted	habl**a**	está
nosotros/as	habl**amos**	estamos
vosotros/as	habl**áis**	estáis
ellos/ellas/ustedes	habl**an**	están

 EXPANSIÓN GRAMATICAL
- **Usos del presente indicativo**
  - Para dar información sobre una situación presente:
    - *Andy y Francisca **viven** en Leganés.*
  - Para hablar de acciones habituales:
    - *Todos los días **me levanto** a las 7:30.*
  - Para dar una definición:
    - *Casa **es** un lugar donde **vivimos**, **tiene** dormitorios, cocina, baño y salón.*

LOS INTERROGATIVOS

- *Cuánto*, *cuánta*, *cuántos*, *cuántas* + nombre: *¿Cuántos años tienes?*
- *Cuál*, *cuáles* + verbo: *¿Cuál es tu comida favorita?*
- *Qué* + verbo/nombre: *¿Qué haces?/¿Qué hora es?*
- *Dónde* + verbo: *¿Dónde vives?*
- *Cómo* + verbo: *¿Cómo te llamas?*

LOS ARTÍCULOS CONTRACTOS

- En español existen solo dos artículos contractos:
  - *Al* = a + el
    – Voy *al* instituto.
  - *Del* = de + el
    – Vengo *del* supermercado.

LOS ADJETIVOS POSESIVOS

singular		plural	
masculino	**femenino**	**masculino**	**femenino**
Mi coche	**Mi** casa	**Mis** coches	**Mis** casas
Tu coche	**Tu** casa	**Tus** coches	**Tus** casas
Su coche	**Su** casa	**Sus** coches	**Sus** casas
Nuestro coche	**Nuestra** casa	**Nuestros** coches	**Nuestras** casas
Vuestro coche	**Vuestra** casa	**Vuestros** coches	**Vuestras** casas
Su coche	**Su** casa	**Sus** coches	**Sus** casas

LOS ADJETIVOS DEMOSTRATIVOS

Situación del hablante	masculino singular	femenino singular	masculino plural	femenino plural
Aquí (cerca)	**este**	**esta**	**estos**	**estas**
Ahí (medio)	**ese**	**esa**	**esos**	**esas**
Allí (lejos)	**aquel**	**aquella**	**aquellos**	**aquellas**

PRESENTE DE INDICATIVO

- Verbos regulares de la segunda y tercera conjugación: *-ER/-IR*

	comer	**vivir**
yo	com**o**	viv**o**
tú	com**es**	viv**es**
él/ella/usted	com**e**	viv**e**
nosotros/as	com**emos**	viv**imos**
vosotros/as	com**éis**	viv**ís**
ellos/ellas/ustedes	com**en**	viv**en**

LOS ADVERBIOS

- Adverbios de tiempo: *ayer*, *hoy*, *mañana*, *nunca*, *pronto*, *tarde*...
- Expresiones de frecuencia:

  todos los días/meses/años.   *todas las* semanas.
  dos/tres veces a la semana/*al* mes/*al* año.   *dos/tres veces por* semana/mes/año.

- Adverbio de frecuencia: *normalmente*.

DESDE/HASTA

- *Desde* indica el **inicio** de algo en el espacio y en el tiempo.
- *Hasta* indica el **final** de algo en el espacio y en el tiempo.
  – Estudio *desde* las 6 *hasta* las 8.   – *Desde* mi casa *hasta* el instituto tardo quince minutos.

PRESENTE DE INDICATIVO

■ **Verbos con irregularidad vocálica**

	(e ➡ ie)	(o ➡ ue)	(e ➡ i)
	entender	**volver**	**pedir**
yo	ent**ie**ndo	v**ue**lvo	p**i**do
tú	ent**ie**ndes	v**ue**lves	p**i**des
él/ella/usted	ent**ie**nde	v**ue**lve	p**i**de
nosotros/as	entendemos	volvemos	pedimos
vosotros/as	entendéis	volvéis	pedís
ellos/ellas/ustedes	ent**ie**ndes	v**ue**lven	p**i**den

! EXPANSIÓN GRAMATICAL

■ Otros verbos con irregularidad vocálica:

- **e ➡ ie:**
  - **cerrar** *cierro, cierras.../cerramos*
  - **comenzar** *comienzo, comienzas.../comenzamos*
  - **despertarse** *me despierto, te despiertas.../nos despertamos*
  - **divertirse** *me divierto, te diviertes.../nos divertimos*
  - **empezar** *empiezo, empiezas.../empezamos*
  - **encender** *enciendo, enciendes.../encendemos*
  - **encerrar** *encierro, encierras.../encerramos*
  - **entender** *entiendo, entiendes.../entendemos*
  - **gobernar** *gobierno, gobiernas.../gobernamos*
  - **manifestar** *manifiesto, manifiestas.../manifestamos*
  - **mentir** *miento, mientes.../mentimos*
  - **querer** *quiero, quieres.../queremos*
  - **recomendar** *recomiendo, recomiendas.../recomendamos*
  - **sentarse** *me siento, te sientas.../nos sentamos*
  - **sentir** *siento, sientes.../sentimos*

- **o ➡ ue:**
  - **acordarse** *me acuerdo, te acuerdas.../nos acordamos*
  - **acostarse** *me acuesto, te acuestas.../nos acostamos*
  - **contar** *cuento, cuentas.../contamos*
  - **resolver** *resuelvo, resuelves.../resolvemos*
  - **rogar** *ruego, ruegas.../rogamos*
  - **soler** *suelo, sueles.../solemos*
  - **soñar** *sueño, sueñas.../soñamos*
  - **volar** *vuelo, vuelas.../volamos*
  - **volver** *vuelvo, vuelves.../volvemos*
  - **llover** *llueve*
  - **morir** *muero, mueres.../morimos*
  - **probar** *pruebo, pruebas.../probamos*

- **e ➡ i:**
  - **despedir** *despido, despides.../despedimos*
  - **despedirse** *me despido, te despides.../nos despedimos*
  - **impedir** *impido, impides.../impedimos*
  - **repetir** *repito, repites.../repetimos*
  - **vestirse** *me visto, te vistes.../nos vestimos*

Apéndice gramatical

■ **Verbos con irregularidad en la 1.ª persona del singular**

	hacer	salir
yo	**hago**	**salgo**
tú	haces	sales
él/ella/usted	hace	sale
nosotros/as	hacemos	salimos
vosotros/as	hacéis	salís
ellos/ellas/ustedes	hacen	salen

> **EXPANSIÓN GRAMATICAL**
> ■ Otros verbos con irregularidad en la 1.ª persona:
> - **caer** *caigo*
> - **traer** *traigo*
> - **coger** *cojo*
> - **estar** *estoy*
> - **poner** *pongo*

■ **Verbos con doble irregularidad**

	venir
yo	**vengo**
tú	vienes
él/ella/usted	viene
nosotros/as	venimos
vosotros/as	venís
ellos/ellas/ustedes	vienen

> **EXPANSIÓN GRAMATICAL**
> ■ Otros verbos con doble irregularidad:
> - **tener** *tengo, tienes…/tenemos*
> - **decir** *digo, dices…/decimos*

VERBOS REFLEXIVOS

	Pronombre reflexivo	levantarse		Pronombre reflexivo	levantarse
yo	**me**	levanto	nosotros/as	**nos**	levantamos
tú	**te**	levantas	vosotros/as	**os**	levantáis
él/ella/usted	**se**	levanta	ellos/ellas/ustedes	**se**	levantan

LOS PRONOMBRES DE OBJETO INDIRECTO

	Formas tónicas	Formas átonas
yo	(a mí)	**me**
tú	(a tí)	**te**
él/ella/usted	(a él/ella/usted)	**le**
nosotros/as	(a nosotros/as)	**nos**
vosotros/as	(a nosotros/as)	**os**
ellos/ellas/ustedes	(a ellos/ellas/ustedes)	**les**

EL VERBO *GUSTAR*

(A mí)			encanta(n)	Ø
(A ti)		me		
(A él, ella, usted)		te		muchísimo
(A nosotros/as)	(no)	le		mucho
(A vosotros/as)		nos	gusta(n)	bastante
(A ellos/as/ustedes)		os		un poco
		les		nada

> **EXPANSIÓN GRAMATICAL**
> ■ El verbo ***doler*** se conjuga y se construye exactamente como el verbo *gustar*.

ADVERBIOS DE AFIRMACIÓN Y NEGACIÓN

- *También* y *tampoco* se usan para expresar **acuerdo** o coincidencia con lo que dice una persona.
- *Sí* y *no* se usan para expresar **desacuerdo** o falta de coincidencia con lo que dice una persona.

▶ *Yo tengo coche.*
◗ **Yo también.**

▶ *Este año no voy a ir de vacaciones.*
◗ **Nosotros tampoco.**

▶ *Yo tengo un coche.*
◗ **Yo no.**

▶ *Este año no voy de vacaciones.*
◗ **Nosotros, sí.**

▶ *A mí me encanta ir a la playa por la tarde.*
◗ **A mí, también.**

▶ *No me gustan los gatos.*
◗ **A mí, tampoco.**

▶ *A mí me encanta ir a la playa por la tarde.*
◗ **A mí, no.**

▶ *No me gustan los gatos.*
◗ **A mí, sí.**

USOS DE LOS VERBOS *SER* Y *ESTAR*

ser

- Para describir **el carácter** (condición permanente) se usa el verbo *ser*:
  - *María **es** una chica muy divertida.*
  - *Los leones **son** animales salvajes.*

estar

- Para describir **el estado de ánimo** de una persona (condición temporal) se usa el verbo *estar*:
  - *Hoy **estoy** muy cansado.*
  - ***Estamos** nerviosos por el examen.*

EXPANSIÓN GRAMATICAL

■ **Otros usos de *ser***

- Identificar una cosa o persona:
  - *La chica a la derecha **es** María.*
- Expresar un juicio:
  - ***Es** bueno estudiar.*
- Indicar el lugar de un acontecimiento:
  - *¿Dónde **es** la fiesta de fin de curso?*
- Indicar origen, pertenencia:
  - *¿Señores, ustedes **son** de Zaragoza?*
- Indicar posesión:
  - *Ese bolso **es** de mi madre.*
- Indicar destinatario o finalidad (con *para*):
  - *¿Estas cosas **son para** cocinar esta noche?*
- Indicar la causa (con *por*):
  - *Si no vengo mañana **es por** motivos de trabajo.*
- Indicar la hora:
  - ***Son** las tres y cuarto de la tarde.*

■ **Otros usos de *estar***

- Indicar ubicación:
  - ***Estoy** aquí.*
- Situar en el espacio:
  - *Mi casa **está** cerca del centro.*
- Indicar presencia o ausencia:
  - *¿No **está** Mauricio?*
- Expresar una opinión:
  - *No **estoy** de acuerdo contigo.*
- Con los adverbios *bien* y *mal*:
  - *Este ejercicio no **está bien**.*
  - *En España **está mal** visto que preguntes sobre el dinero.*
- Indicar la temperatura (con *a*):
  - *Hoy **estamos a** tres grados bajo cero.*

UNIDAD 6

PREPOSICIONES Y LOCUCIONES DE LUGAR

El libro está
-delante de	-cerca de
-detrás de	-al lado de
-encima de	-a la izquierda de
-debajo de	-a la derecha de
-lejos de	-dentro de
la mochila.

La lámpara está [**entre**] la mesa [**y**] la mochila.

HAY/ESTÁ(N)

Hay	**Está/están**
■ Se usa para hablar y preguntar por la **existencia** de algo o de alguien:	■ Se usa para hablar o preguntar por la **localización** de una cosa o una persona:

■ Se usa para hablar y preguntar por la **existencia** de algo o de alguien:
  – *En mi clase* ***hay*** *una pizarra y* ***hay*** *muchos libros.*

■ ***Hay*** es invariable y se usa:
  • delante del nombre.
  • con los artículos indeterminados o sin artículos.
    – *En tu pueblo* ***hay*** *(un) campo de fútbol.*

Hay + [**un/a/os/as**] + nombre.

■ Se usa para hablar o preguntar por la **localización** de una cosa o una persona:
  – *La pizarra* ***está*** *detrás de la mesa y los libros* ***están*** *en la estantería.*

■ Es variable y se usa:
  • después del nombre.
  • con los artículos determinados.
    – *El campo de fútbol* ***está*** *cerca del instituto.*

[**El/la/los/las**] + nombre + está(n)…

PRESENTE DE INDICATIVO

■ Verbos irregulares

	ir	seguir	jugar	conocer
yo	**voy**	si**g**o	ju**e**go	cono**zc**o
tú	**vas**	si**g**ues	ju**e**gas	conoces
él/ella/usted	**va**	si**g**ue	ju**e**ga	conoce
nosotros/as	**vamos**	seguimos	jugamos	conocemos
vosotros/as	**vais**	seguís	jugáis	conocéis
ellos/ellas/ustedes	**van**	si**g**uen	ju**e**gan	conocen

 EXPANSIÓN GRAMATICAL
■ Otros verbos con la irregularidad **-zc-** en la 1.ª persona (como *conocer*):
  • **agradecer** *agradezco*
  • **conducir** *conduzco*
  • **nacer** *nazco*
  • **parecer** *parezco*
  • **pertenecer** *pertenezco*
  • **producir** *produzco*
  • **reducir** *reduzco*
  • **traducir** *traduzco*

■ Otros verbos con la irregularidad ***gu*** ➡ ***g*** en la 1.ª persona (como *seguir*):
  • **perseguir** *persigo*
  • **conseguir** *consigo*
  • **distinguir** *distingo*

 Estos verbos tienen también la irregularidad vocálica **e** ➡ **i**.

PREPOSICIONES DE LUGAR *A*, *DE*, *EN*

■ Los verbos de movimiento van acompañados de algunas preposiciones de lugar:
  • *en* indica el medio de transporte: – *Viajamos* ***en*** *coche.*
  • *a* indica destino: – *Voy* ***a*** *Roma.*
  • *de* indica origen y procedencia: – *Vengo* ***de*** *Burgos.*

ADVERBIOS DE CANTIDAD

Juan come

demasiado	– *Luis trabaja* ***demasiado****.*
mucho	– *Ana viaja* ***mucho****.*
bastante	– *Pedro estudia* ***bastante****.*
poco	– *Rosa estudia* ***poco****.*

■ *Muy/mucho*

> ❗ EXPANSIÓN GRAMATICAL
>
> ■ *Muy* es invariable y se usa delante de **adjetivos** y **adverbios**:
>   – *Él/ella es* ***muy*** *inteligente.*
>   – *Él/ella habla* ***muy*** *despacio.*
>   – *Ellos/ellas son* ***muy*** *inteligentes.*
>   – *Ellos/ellas hablan* ***muy*** *despacio.*
>
> ■ *Mucho* se usa:
>   • después de un **verbo** (en este caso es un adverbio y es invariable):
>   – *Juan come* ***mucho****.*
>   • delante de un **sustantivo** con el que concuerda (en este caso es un determinante y es variable: *mucho/a/os/as*):
>   – *Hace* ***mucho*** *calor.*
>   – *Hay* ***mucha*** *gente.*
>   – *Juan lee* ***muchos*** *libros.*
>   – *María tiene* ***muchas*** *amigas.*

Apéndice de pronunciación

El alfabeto español está formado por 27 letras e incluye los dígrafos **ch** y **ll**, que funcionan como una sola letra. Los nombres de las letras son de género femenino: *la a, la be, la ce...* En general, cada letra corresponde a un sonido y a cada sonido le corresponde una letra, pero hay varios casos particulares.

LAS VOCALES

■ En español hay cinco vocales:

LAS CONSONANTES

■ Observa cómo se pronuncian estas consonantes: **d**, **f**, **l**, **m**, **n**, **p**, **t**. ¿Son iguales que en tu lengua?

dado   feo   ola   mamá

uno   pie   té

■ Escucha ahora estas otras consonantes:

SONIDO	CA	QUE	QUI	CO	CU
[K]	casa cabeza	queso querido	te quiero quiosco	corazón coche	cuchillo cuaderno

SONIDO	ZA	CE	CI	ZO	ZU
[θ]	zapato Zaragoza	cerveza cepillo	cigarro cinco	zorro zoo	azúcar azul

SONIDO	GA	GUE	GUI	GO	GU
[g]	gato gallego	guerra Guevara	guitarra águila	gordo lago	gustar guapo

SONIDO	JA	JE/GE	JI/GI	JO	JU
[x]	jamón	jefe gente	jirafa girasol	joven	jugar

■ **G + üe/üi**: la diéresis indica que la **u** se pronuncia:

vergüenza   cigüeña   lingüística   pingüino

■ El alfabeto español tiene también la **k**, que normalmente aparece en palabras que vienen de otra lengua. En algunas de estas palabras se puede sustituir por la **c** o la **qu**.

kiosco	kimono	kriptón	kilómetro
quiosco	quimono	criptón	

LETRA		SONIDO	PALABRAS
CH		[tʃ]	chaleco, Chema, chico, chocolate, chupete
H	La **h** en español es siempre muda.	[---]	almohada, cacahuetes, hotel, hombre
LL		[λ]	paella, calle, pollo
Ñ		[π]	piña, niño
R	Al inicio de palabra, **r** después de *l*, *n*, *s* y *rr* tienen un sonido más fuerte.	[rr]	carro, rosa, Israel, sonrisa, alrededor
	Resto de casos.	[r]	amor, dolor, caro
S	La **s** en español es siempre sorda.	[s]	sal, casa, sombrero
B/V	La **b** y la **v** tiene el mismo sonido bilabial sonoro.	[b]	bueno, vaso, vino
X	A menudo se pronuncia simplemente como [s]: xenófobo.	[k]+[s]	examen, éxito
Y		[i] [j]	rey, ley, y rayo, yo, payaso, yoyó

■ **Y** representa un sonido vocálico [i] al final de palabra y cuando es una conjunción:

voy, buey	parientes y amigos	Paco y Marta

■ En español solo pueden aparecer duplicadas cuatro consonantes: **c**, **r**, **l**, **n**. Para recordarlas, usa este nombre:

CaroLina

canción-acción	carro-caro	loco-llover	inútil-innato

■ En español los grupos **gn**, **sc**, **cc** se pronuncian separados:

– **gn** se pronuncia [g] + [n]: *ignorante*
– **sc** se pronuncia [s] + [θ]: *piscina; ascensor*
– **cc** se pronuncia [k] + [θ]: *lección*

Tabla de verbos

PRESENTE DE INDICATIVO

El presente de indicativo regular

1ª conjugación **-ar**	2ª conjugación **-er**	3ª conjugación **-ir**
CANTAR	**COMER**	**VIVIR**
cant**o**	com**o**	viv**o**
cant**as**	com**es**	viv**es**
cant**a**	com**e**	viv**e**
cant**amos**	com**emos**	viv**imos**
cant**áis**	com**éis**	viv**ís**
cant**an**	com**en**	viv**en**

Verbos reflexivos regulares

BAÑARSE	**DUCHARSE**	**LAVARSE**	**LEVANTARSE**	**PEINARSE**
me baño	**me** ducho	**me** lavo	**me** levanto	**me** peino
te bañas	**te** duchas	**te** lavas	**te** levantas	**te** peinas
se baña	**se** ducha	**se** lava	**se** levanta	**se** peina
nos bañamos	**nos** duchamos	**nos** lavamos	**nos** levantamos	**nos** peinamos
os bañáis	**os** ducháis	**os** laváis	**os** levantáis	**os** peináis
se bañan	**se** duchan	**se** lavan	**se** levantan	**se** peinan

Verbos reflexivos irregulares

ACORDARSE	**ACOSTARSE**	**DESPERTARSE**	**REÍRSE**	**VESTIRSE**
me acuerdo	**me** acuesto	**me** despierto	**me** río	**me** visto
te acuerdas	**te** acuestas	**te** despiertas	**te** ríes	**te** vistes
se acuerda	**se** acuesta	**se** despierta	**se** ríe	**se** viste
nos acordamos	**nos** acostamos	**nos** despertamos	**nos** reímos	**nos** vestimos
os acordáis	**os** acostáis	**os** despertáis	**os** reís	**os** vestís
se acuerdan	**se** acuestan	**se** despiertan	**se** ríen	**se** visten

Verbos que se conjugan como *gustar*

DOLER	**ENCANTAR**	**MOLESTAR**	**PARECER**
me duele/duelen	**me** encanta/encantan	**me** molesta/molestan	**me** parece/parecen
te duele/duelen	**te** encanta/encantan	**te** molesta/molestan	**te** parece/parecen
le duele/duelen	**le** encanta/encantan	**le** molesta/molesta	**le** parece/parecen
nos duele/duelen	**nos** encanta/encantan	**nos** molesta/molestan	**nos** parece/parecen
os duele/duelen	**os** encanta/encantan	**os** molesta/molestan	**os** parece/parecen
les duele/duelen	**les** encanta/encantan	**les** molesta/molestan	**les** parece/parecen

Verbos irregulares

CERRAR	**COGER**	**COMENZAR**	**CONCLUIR**	**CONDUCIR**
cierro	cojo	comienzo	concluyo	conduzco
cierras	coges	comienzas	concluyes	conduces
cierra	coge	comienza	concluye	conduce
cerramos	cogemos	comenzamos	concluimos	conducimos
cerráis	cogéis	comenzáis	concluís	conducís
cierran	cogen	comienzan	concluyen	conducen

CONOCER	CONSTRUIR	CONTRIBUIR	DAR	DECIR
conozco	construyo	contribuyo	doy	digo
conoces	construyes	contribuyes	das	dices
conoce	construye	contribuye	da	dice
conocemos	construimos	contribuimos	damos	decimos
conocéis	construís	contribuís	dais	decís
conocen	construyen	contribuyen	dan	dicen

DESTRUIR	DORMIR	EMPEZAR	ENCONTRAR	ENTENDER
destruyo	duermo	empiezo	encuentro	entiendo
destruyes	duermes	empiezas	encuentras	entiendes
destruye	duerme	empieza	encuentra	entiende
destruimos	dormimos	empezamos	encontramos	entendemos
destruís	dormís	empezáis	encontráis	entendéis
destruyen	duermen	empiezan	encuentran	entienden

ESTAR	HACER	HUIR	IR	JUGAR
estoy	hago	huyo	voy	juego
estás	haces	huyes	vas	juegas
está	hace	huye	va	juega
estamos	hacemos	huimos	vamos	jugamos
estáis	hacéis	huis	vais	jugáis
están	hacen	huyen	van	juegan

MERENDAR	OÍR	PEDIR	PENSAR	PODER
meriendo	oigo	pido	pienso	puedo
meriendas	oyes	pides	piensas	puedes
merienda	oye	pide	piensa	puede
merendamos	oímos	pedimos	pensamos	podemos
merendáis	oís	pedís	pensáis	podéis
meriendan	oyen	piden	piensan	pueden

PONER	QUERER	SABER	SALIR	SER
pongo	quiero	sé	salgo	soy
pones	quieres	sabes	sales	eres
pone	quiere	sabe	sale	es
ponemos	queremos	sabemos	salimos	somos
ponéis	queréis	sabéis	salís	sois
ponen	quieren	saben	salen	son

TENER	TRAER	VENIR	VER	VOLVER
tengo	traigo	vengo	veo	vuelvo
tienes	traes	vienes	ves	vuelves
tiene	trae	viene	ve	vuelve
tenemos	traemos	venimos	vemos	volvemos
tenéis	traéis	venís	veis	volvéis
tienen	traen	vienen	ven	vuelven

Glosario

ESPAÑOL	EN TU LENGUA
A	
a la derecha de (6)	
a la izquierda de (6)	
A mí, también. (5)	
A mí, tampoco. (5)	
¿A qué hora…? (4)	
a, al (6)	
abierto/a (3)	
el abrigo (3)	
abrir (3)	
la abuela (3)	
el abuelo (3)	
los abuelos (3)	
aburrido/a (2) (3)	
acostarse (o>ue) (4)	
el actor (1)	
la actriz (1)	
Adiós. (1)	
ahí (3)	
al lado de (6)	
alegre (5)	
alemán/alemana (1)	
allí (3)	
almorzar (o>ue) (4)	
alto/a (3)	
amable (3)	
amar (2)	
el amarillo (2)	
el/la amigo/a (1)	
el animal (2)	
antipático/a (3)	
aprender (3)	
aquí (3)	
el árbol (6)	
el armario (2)	
el/la arquitecto/a (1)	
el arroz (5)	
el Arte (2)	
las Artes y letras (2)	
asistir (3)	
el autobús (6)	
el avión (6)	
el azul (2) (3)	
B	
bailar (2)	
bajo/a (3)	
el baloncesto (2)	
la bañera (2)	
barato/a (6)	
la barba (3)	
el barco (6)	
bastante (6)	
beber (3)	
el béisbol (2)	
el/la bibliotecario/a (1)	
bienvenidos (0)	
el bigote (3)	
la Biología (2)	
el blanco (2)	
la boca (3)	
el bolígrafo (0)	
el/la bombero/a (4)	
bonito/a (2)	
el borrador (0)	
la bota (3)	
el brazo (5)	
Buenas noches. (1)	

ESPAÑOL	EN TU LENGUA
Buenas tardes. (1)	
Buenos días. (1)	
la bufanda (3)	
C	
la cabeza (5)	
el calcetín (3)	
el calvo (3)	
la cama (2)	
la cámara (2)	
el/la camarero/a (4)	
caminar (2)	
la camisa (3)	
la camiseta (3)	
el/la cantante (1)	
cantar (2)	
la carne (5)	
caro/a (6)	
la carpeta (0)	
castaño/a (3)	
las cebollas (5)	
cenar (4)	
el centro comercial (6)	
cerca de (6)	
cerrar (e>ie) (4)	
la chaqueta (3)	
chatear con amigos (5)	
las Ciencias (2)	
el cine (6)	
el cinturón (3)	
la ciudad (2)	
claros (ojos) (3)	
la cocina (2)	
el/la cocinero/a (4)	
comer (3)	
la comida (2)	
cómo (2)	
¿Cómo estás? (1)	
¿Cómo se dice… en español? (0)	
¿Cómo te llamas? (1)	
la cómoda (2)	
cómodo/a (6)	
comprar (2)	
conocer (6)	
contento/a (5)	
la corbata (3)	
corto (pelo) (3)	
Creo que… (2)	
el cuaderno (0)	
cuál (2)	
¿Cuándo es tu cumpleaños? (1)	
cuánto (2)	
¿Cuánto cuesta? (2)	
cuántos (2)	
¿Cuántos años tienes? (1)	
el cuarto de baño (2)	
el cuello (5)	
D	
de buen humor (5)	
de dónde (2)	
¿De dónde eres? (1)	
de la mañana (4)	
de la noche (4)	
de la tarde (4)	
de mal humor (5)	
de, del (6)	

* (n.º) indica la unidad en la que aparece.

ESPAÑOL	EN TU LENGUA
debajo de (6)	
el dedo (5)	
delante de (6)	
delgado/a (3)	
demasiado (6)	
dentro de (6)	
desayunar (4)	
descansar (2)	
despertarse (e>ie) (4)	
detrás de (6)	
el diccionario (0)	
difícil (2)	
discutir (3)	
divertido/a (2) (3)	
doler (o>ue) (5)	
domingo (4)	
dónde (2)	
¿Dónde vives? (1)	
dormir (o>ue) (4)	
el dormitorio (2)	
la ducha (2)	
ducharse (4)	

E

el edificio (2)	
la Educación Física (2)	
él (1)	
el / la / los / las (1)	
ella (1)	
ellas (1)	
ellos (1)	
empezar (e>ie) (4)	
en (6)	
En mi opinión... (2)	
en punto (4)	
Encantado/a. (1)	
encantar (5)	
encima de (6)	
el/la enfermero/a (1)	
entender (e>ie) (4)	
entre (6)	
Es la una. (4)	
escribir (3)	
escuchar (2)	
la escuela (2)	
la espalda (5)	
el Español (2)	
español/española (1)	
el espejo (2)	
¿Está bien así? (0)	
está / están (0)	
la estación de metro (6)	
la estación de tren (6)	
la estantería (2)	
estar (2)	
estar bien (2)	
estar cansado/a (5)	
estar contento/a (2)	
estar enfermo/a (2)	
estar estresado/a (5)	
estar triste (2)	
el estómago (5)	
el/la estudiante (0)	
estudiar (2)	
la estufa (2)	

F

fácil (2)	

ESPAÑOL	EN TU LENGUA
la falda (3)	
fantástico/a (2)	
la farmacia (6)	
favorito/a (2)	
feo/a (3)	
fin de semana (4)	
la flor (6)	
francés/francesa (1)	
fuerte (3)	
el fútbol (2)	
el fútbol americano (2)	
el/la futbolista (1)	

G

las gafas (3)	
el/la gato/a (2)	
genial (2)	
la Geografía (2)	
girar (6)	
el golf (2)	
gordo/a (3)	
la gorra (3)	
grande (2) (3)	
el gris (2)	
guapo/a (2) (3)	
gustar (5)	

H

la habitación (2)	
hablador/a (3)	
hablar (2)	
hacer (4)	
hacer ciclismo (5)	
hacer deporte (4)	
hacer esquí (5)	
hacer fotos (5)	
hacer judo (5)	
hacer la tarea (4)	
hacer natación (5)	
hacer yoga (5)	
la hamburguesa (5)	
Hasta luego. (1)	
Hasta pronto. (1)	
hay (6)	
el helado (5)	
la hermana (3)	
el hermano (3)	
los hermanos (3)	
la hija (3)	
el hijo (3)	
los hijos (3)	
la Historia (2)	
Hola, mi nombre es... (0)	
holandés/holandesa (1)	
el horno (2)	
los huevos (5)	

I

importante (2)	
incómodo/a (6)	
la Informática (2)	
el/la informático/a (4)	
inglés/inglesa (1)	
inteligente (3)	
interesante (2)	
ir (6)	
ir a pie (6)	
ir de compras (5)	

Glosario

ESPAÑOL	EN TU LENGUA
ir de vacaciones (6)	
ir de viaje (6)	
italiano/italiana (1)	
J	
el jersey (3)	
la jirafa (6)	
joven (3)	
el jueves (4)	
jugar (6)	
jugar a los bolos (5)	
jugar a videojuegos (5)	
L	
el lago (6)	
el lápiz (0)	
largo (3)	
el lavabo (2)	
la leche (5)	
leer (3)	
lejos de (6)	
lento/a (6)	
levantarse (4)	
la librería (6)	
liso/a (3)	
llamar(se) (1)	
llevar (3)	
Lo siento. (2)	
el lunes (4)	
M	
la madre (3)	
maleducado/a (3)	
la mano (5)	
las manzanas (5)	
el marcador (0)	
el marido (3)	
los mariscos (5)	
el marrón (2) (3)	
el martes (4)	
las Matemáticas (2)	
mayor (3)	
el/la mecánico/a (4)	
el/la médico/a (1) (4)	
menos cuarto (4)	
la mesa (0) (2)	
la mesilla (2)	
el metro (6)	
el miércoles (4)	
Mira, este/esta es... (1)	
Mira, estos/estas son... (1)	
Mire, le presento a (al)... (1)	
la mochila (0)	
montar en bici (5)	
moreno/a (3)	
la moto (6)	
mucho (6)	
la mujer (3)	
el mundo hispano (0)	
el museo (6)	
la Música (2)	
muy (6)	

ESPAÑOL	EN TU LENGUA
N	
el naranja (2)	
las naranjas (5)	
la nariz (3)	
navegar por el mar (5)	
navegar por internet (4) (5)	
el negro (2) (3)	
nervioso/a (5)	
la nieta (3)	
el nieto (3)	
los nietos (3)	
nosotros/as (1)	
O	
los ojos (3)	
oscuros (ojos) (3)	
el oso (6)	
P	
el padre (3)	
los padres (3)	
el país (0)	
el pájaro (6)	
las palomitas (5)	
los pantalones (3)	
la papelera (0)	
Para mí, ti, él... (2)	
la parada de autobús (6)	
el parque (2)	
pasear (2)	
las patatas fritas (5)	
el pecho (5)	
pedir (e>i) (4)	
peligroso/a (6)	
pelirrojo/a (3)	
pensar (e>ie) (4)	
pequeño/a (2) (3)	
pero (1)	
perro (1)	
el pescado (5)	
el pie (5)	
Pienso que... (2)	
la pierna (5)	
los pimientos (5)	
la pizarra (0)	
un poco (3)	
poco (6)	
poder (o>ue) (4)	
el pollo (5)	
por la mañana (4)	
por la noche (4)	
por la tarde (4)	
por qué (2)	
portugués/portuguesa (1)	
el postre (5)	
preferir (e>ie) (4)	
preocupado/a (5)	
el primo/a (3)	
el/la profesor/profesora (0) (1)	
¿Puede escribirlo en la pizarra? (0)	
¿Puede repetir, por favor? (0)	
la puerta (0)	

ESPAÑOL	EN TU LENGUA
Q	
qué (2)	
¿Qué día es hoy? (1)	
¿Qué haces? (1)	
¿Qué hora es? (4)	
¿Qué significa...? (0)	
¿Qué tal estás? (1)	
¿Qué tal? (1)	
quedar (4)	
querer (e>ie) (4)	
el queso (5)	
R	
rápido/a (6)	
el/la recepcionista (4)	
repetir (e>i) (4)	
rizado (3)	
la rodilla (5)	
rojo (2)	
rubio/a (3)	
ruso/rusa (1)	
S	
el sábado (4)	
salir (4)	
el salón (2)	
las sandalias (3)	
seguir (6)	
seguro/a (6)	
el señor (Sr.) (1)	
la señora (Sra.) (1)	
la señorita (Srta.) (1)	
ser (1)	
servir (e>i) (4)	
Sí, claro. (0)	
Sí, está bien. (0)	
la silla (0)	
simpático/a (2)	
la sobrina (3)	
el sobrino (3)	
el sofá (2)	
Son las dos. (4)	
suizo/a (1)	
el supermercado (6)	
T	
la tableta (0)	
el tablón de anuncios (0)	
también (1)	
la tarta de chocolate (5)	
el taxi (6)	
tener (1) (3)	
tener calor (3)	
tener dolor de cabeza/ espalda (5)	
tener fiebre (5)	
tener frío (3)	
tener gripe (5)	
tener hambre (3)	
tener que (4)	
tener sed (3)	
tener sueño (3)	
tener tos (5)	
tener... años (1) (3)	
el tenis (2)	

ESPAÑOL	EN TU LENGUA
el/la tenista (1)	
la tía (3)	
la tienda de ropa (6)	
tímido/a (3)	
el tío (3)	
todos los días (4)	
tomar el sol (5)	
tomar tapas (5)	
los tomates (5)	
trabajador/a (3)	
trabajar (2)	
el traje (3)	
tranquilo/a (5)	
el tren (6)	
triste (5)	
tú (1)	
U	
un / una / unos / unas (1)	
usted (1)	
ustedes (1)	
V	
vago/a (3)	
los vaqueros (3)	
la ventana (0)	
ver (3)	
ver un concierto (5)	
ver una exposición (5)	
ver una película (5)	
el verde (2) (3)	
las verduras (5)	
el vestido (3)	
vestirse (e>i) (4)	
el/la veterinario/a (4)	
viajar (2)	
viernes (4)	
vivir (3)	
el vóleibol (2)	
volver (o>ue) (4)	
vosotros/as (1)	
Y	
y cuarto (4)	
y media (4)	
yo (1)	
el yogur (5)	
Z	
las zanahorias (5)	
la zapatería (6)	
las zapatillas de deporte (3)	
los zapatos de tacón (3)	

NOTAS